베 데 스 다

베데스다

The Pastor Game

지은이 | 안동혁
초판 발행 | 2026.3.27

등록번호 | 제 2022-000023호
펴낸이 | 이현걸
펴낸곳 | 미션앤컬처

주소 | 서울시 동작구 여의대방로 22길 121
전화 | 02-877-5613 / 010-3539-3613
팩스 | 02-877-5613
E-mail | missionlhg@naver.com

표지 디자인 및 그림 | 이시우
내지 디자인 | 정영수
인쇄 | (주)한솔에이팩스

책 값은 뒤표지에 있습니다.
ISBN 979-11-993626-7-3

베데스다

The Pastor Game

안동혁 지음

목차

추천의 글

평생 목회의 길을 걸어왔지만, 제 마음속 깊이 자리한 질문 하나가 늘 있었습니다. "교회란 무엇인가?" 때로는 수많은 설교보다 한 편의 이야기가, 조직신학의 논리보다 한 사람의 진실한 고백이 우리의 마음을 더 깊이 흔들 때가 있습니다. 『베데스다』는 바로 이 묵직한 질문 앞에 저를 다시금 세우는 책입니다.

책을 읽으며 저는 작가인 후배 목사님께서 이 시대를 향한 진실한 시선과 하나님 나라 공동체를 향한 간절한 소망을 품고 있음을 느낄 수 있었습니다. 무엇보다 교회는 그저 건물이나 조직, 프로그램이 아니라, 우리가 바로 교회이며, 세상 한복판에서 그저 '다니는' 것을 넘어 '살아내는' 교회라는 단순하면서도 심오한 진리를 매우 현실적으로 전하고 있습니다. 10년 후 한국 교회의 미래를 상상하며 읽다 보면 어느새 큰 감동과 소망을 느낄 수 있을 것입니다.

이 책은 목회자에게는 초심을 일깨우는 은혜가 되고, 믿음이 흔들리는 성도에게는 신앙의 본질을 다시 붙잡는 빛이 되며, 교회를 아직 잘 모르는 분들에게는 '교회가 이토록 아름다운 공동체일 수 있다'는 조용한 초대장이 될 것입니다. 소설이라는 흥미로운 형식을 빌려 전한 이 귀

한 메시지가 독자들 마음속에 오래 남아, 하나님 나라를
살아내는 작은 불씨가 되리라 믿어 의심치 않습니다.

　사랑하는 후배의 진솔한 고백과 이 시대를 향한 눈물
어린 권면을 감사한 마음으로 받으며, 이 책을 기쁜 마음
으로 추천합니다.

삼일교회
송태근 목사

신의 한 수

일요일 아침 4시 50분.

박도현은 새벽 5시 알람이 울리기 전에 이미 눈을 떴다. 다시 잠들 생각은 없었지만 그렇다고 알람 소리보다 먼저 일어나고 싶진 않았다. 그는 목 끝까지 이불을 끌어 올린 채, 몸을 길게 뻗어 맨발로 보드라운 이불을 부비며 남은 시간을 보냈다. 마음속에선 '하루만 죽은 듯 푹 자고 싶다'는 바람과 '늦지 않게 교회에 가야 한다'는 의무감이 팽팽히 맞섰다. 그러나 '띵띵 띠리리~' 알람이 울리는 순간, 그의 몸은 용수철처럼 반사적으로 일으켜졌다.

'요즘은 이등병도 이렇게 발딱 기상하진 않을 텐데.'

안방에는 아내가 곤히 자고 있었고, 작은방에는 아들의 코 고는 소리가 들렸다. 가족들을 깨우지 않으려 조심하면서도 박도현의 몸은 이미 숙달된 조교처럼 신속 정확하게 주일 아침 루틴대로 움직이고 있었다. 샤워하고, 드라이로 머리를 말리고, 옷을 입고, 차 키를 들고 현관문을 나서기까지 15분이면 충분했다. 슈퍼맨이 양복을 벗어재끼며 변모하듯, '인간 박도현'은 일요일 새벽에 문을 나서면서 '장로 박도현'으로 변신한다.

엘리베이터 안 거울을 보던 박도현은 활기찬 표정을 지으며 자신을 감추려는 듯 입꼬리를 올리는 연습을 했다. 그러나 웃는 가면을 뚫고 금세 힘 빠진 한숨이 새어 나왔다. 우중충한 날씨처럼 거울 속 모습이 오늘따라 더 매가리 없어 보였다.

'휴~ 그냥 좀 쉬고 싶다.'

일요일 이른 아침, 도로는 마치 그를 위해 비워둔 듯 한산했다. 20분을 달려 교회 지하 주차장에 도착했다. 지정된 주차 구역에 차를 주차하고 곧바로 본당으로 올라가는 엘리베이터 버튼을 눌렀다. 지하 1층에는 담임목사와 선임 장로 그리고 외부 강사만 사용할 수 있는 지정 주차 공간이 있고 교인들은 주차를 위해 한 층 더 내려가야 했다.

　박도현은 선임 장로가 된 첫날, 담임목사에게 자신은 지정 주차 특권은 필요 없다고 말했었다. 그때 담임목사는 미소를 지으며 "장로님, 알겠습니다. 그건 한 달 후에 다시 말씀 하시죠"라고 말했고, 그 말이 처음에는 묘하게 들렸지만 한 달도 지나기 전에 그 말의 의중을 확실히 깨닫게 되었다. 그 작은 특권은 생각보다 달콤해서 갈수록 너무 소중해져 버린 것이다. 하나님이 주시는 '평안'과 세상이 주는 '편안'은 다르지만, 지금 박도현 장로는 그 둘을 다 감사하게 받아들이고 있다. 좋은 것은 그냥 좋은 것으로 받아들이는 법을 배운 셈이다.

　본당 맨 앞 왼쪽 자리에 앉은 박도현은 눈을 감고 예배 시작을 기다렸다. 그의 귀에 예배 전 성도들의 마음을 열어줄 배경 음악이 고요히 들려왔다. 그러나 그의 마음은 고요하지 않았다. '방송실에 몇 주 전부터 음악을 좀 바꾸라고 했는데도 아직까지 그대로라니!' 미간이 찌푸려졌고 마음속에서 보이지 않는 수첩을 펼쳐 불만 사항을 기록하고 있었다.

2036년 한국 교회, 새벽 6시에 교회 문을 여는 곳은 거의 없다. 한때는 편의점보다 많던 빨간 십자가가 서울 밤하늘을 수놓았지만 지금은 전국에 백여 곳 남짓한 교회들이 겨우 명맥을 유지할 뿐이다. 교회는 세상에 어떠한 영향력도 없는, 심지어 개독교라고 욕할 가치도 없는 소수 종교로 전락해버렸다. 예배당 뒷자리에 권사님들이 각자 자리를 찾아 힘겹게 앉는 소리가 들려왔다. 박도현은 피곤한 몸을 다잡으며 반사적으로 허리를 곧게 펴고 어둠 속에서도 흐트러짐 없는 장로의 뒷모습을 보이려고 했다.

"땡~ 묵도하심으로 주일 새벽 예배를 시작하겠습니다."
피아노 반주가 울리고 마치 타임루프 영화처럼 똑같은 주일이 반복되기 시작했다.

목사의 설교는 차분했지만 졸음을 부르기에 충분했다. 박도현에게는 나름의 졸음 퇴치 비법이 있는데, 목사의 얼굴을 바라보며 닮은 동물이나 물고기 또는 연예인의 얼굴을 상상하며 그림을 덧칠하는 생각을 하는 것이다. 얼추 피카소의 추상화 같은 그림이 완성될 즈음 목사의 말이 점점 느려지더니 마치 슬로우 모션을 건 것처럼 목사는 뒤로 천천히 허물어지듯 쓰러졌다.

"쿵!"

"어~ 목사님!"

박도현은 깜짝 놀라 강대상으로 뛰어 올라갔다. 전도사에게 구급차를 부르라고 외치고 목사의 넥타이를 풀며 의식을 확인했다. 호흡은 있었지만, 반응이 없었다. 속으로는 '어쩌지, 어쩌지'라는 말이 맴돌았지만, 입에서는 '주여, 주여!'라는 기도가 터져 나왔다.

얼마 지나지 않아 119 구급대원이 도착했고 금세 의식이 없는 목사를 들것에 실어 병원으로 이송했다. 병원에 도착한 박도현은 응급실 복도에서 사태 해결을 위해 분주히 전화를 돌렸다.

"부목사님, 오늘 주일예배는 부목사님이 인도하시고 성도들에게는 너무 걱정하지 않도록 간단히 설명만 해주세요. 목사님의 건강을 위해 기도하자고 하시고 저는 계속 병원에 있겠습니다."

몇 시간 후 수술실에서 나온 의사가 말했다.

"김성태 환자분, 뇌출혈 수술은 잘 마쳤습니다. 생명에는 지장이 없지만, 후유증 가능성이 있어서 앞으로 며칠 경과를 지켜봐야 합니다."

그 말을 들은 박도현은 일단 안도하면서도 이내 속으로는 냉소적으로 투덜댔다. '어쩜 의사들은 매번 똑같은 말만 하도록 입력된 로봇처럼 뻔한 말을 반복할까?'

목숨에는 지장이 없다는 안도감도 잠시 그의 모든 관심은 곧장 교회 문제로 향했다. '이제 우리 교회는 어떻게 하지?'

고난이 축복이라던 은혜로운 말들을 예전부터 들었었다. 그러나 자신의 현실에서 갑자기 맞닥뜨린 고난이 개뿔 무슨 축복일까? 고난은 잘 극복한 후에야 축복이 되는 법이다. 박도현은 성도들에게 이 고난을 축복으로 잘 포장해서 전해야 한다는 생각에, 슈퍼 컴퓨터처럼 빠르게 머리를 굴리기 시작했다. 이런 급박한 순간일수록 하나님께 기도하는 것이 먼저라는 것을 알고 있지만, 언제나 두세 박자 느려터진 하나님보다 지금은 바로 문질러서 소원을 말할 램프의 요정이 절실한 그였다.

'어떻게 하지? 어떻게 하지?' 안절부절 병원 복도를 우왕좌왕하던 박도현은 섬광처럼 스쳐 지나가는 생각에 걸음을 멈췄다. 그리고 그 순간 병원 거울에 비친 박도현의 얼굴이 바뀌었다. 근심에서 확신으로. '그래, 하나님은 홍해 밑에 지름길을 숨겨두셨지. 이 방법이라면 고난이 축복이 될 수 있겠어!'

박도현은 예전에 방송국에서 함께 일했던 최석민 예능 국장에게 전화를 걸었다.

"최 국장, 나야. 내일 점심에 시간 좀 어때? 긴히 할 얘기가 있는데."

"무슨 얘긴데요?"

"자세한 건 내일 만나서 할게. 내가 최 국장한테 좋은 선물 하나 줄려고 그러지. 어 그럼 내일 12시에 거기서 보자고."

다음 날 고급 일식집, 악수를 나눈 두 사람은 자리에 앉았다. 오랜만의 반가움 속에서도 묘한 긴장감이 흘렀다.

"어휴 형님, 갑자기 무슨 일이세요?" 최 국장이 궁금해하며 말을 꺼냈다.

박도현은 젓가락을 들었다 놓으며 잠시 뜸을 들였다.

"최 국장, 내가 좋은 아이템 하나 주려고 하지. 요즘 방송국 사정 많이 힘들지 않아?"

"그렇죠. OTT 시장은 포화 상태고 젊은 애들은 유튜브나 숏폼만 보죠. 시청률은 바닥, 광고는 끊기고 아주 죽겠습니다. 근데 정말 뭐 좋은 거 있으신 거예요?"

박도현은 입꼬리를 올리며 말했다.

"내가 생각해 낸 서바이벌 프로그램이 있어."

그러자 최 국장은 곧바로 고개를 젖히며 크게 한숨을 쉬었다.

"아이, 형님. 은퇴하시고 너무 감 떨어지신 거 아니에요? 서바이벌은 이미 진부해요. 아이돌, 힙합, 트로트, 댄스, 운동, 요리까지. 사골국물도 이런 사골이 없다고요. 이젠 할 것도 없고 어떤 걸로도 안 먹힌다니까요."

최 국장의 난색에도 아랑곳하지 않고 박도현은 미소를 지었다.

"원래 세상에 완전히 새로운 건 없어. 예전에 흥행한 걸 비틀어 다시 흥행시키는 게 정석이지."

"어휴, 그래서 뭔데요? 뭔데 그렇게 뜸 들여요?"

박도현은 안경을 콧등 위로 올리며 천천히 말했다.

"목사 서바이벌."

"예?"

놀라움과 황당함에 잠시 멈춰있던 최 국장의 표정이 서서히 풀리며 미소가 번졌다.

"목사 서바이벌이라." 그는 손가락으로 테이블을 똑똑 두드리며 곱씹듯 말했다.

"지금까지 단 한 번도 없었던 서바이벌이잖아. 생방송으로 시청자들이 직접 최고의 목사를 뽑는 거야."

최 국장은 여전히 고개를 갸웃거리며 반신반의했다.

"이제까지 목사 서바이벌은 없었으니까 새롭긴 한데, 목사들이 과연 지원할까요?"

박도현은 단호하게 답했다.

"나만 믿어. 나중에 최 국장이 고맙다며 한턱 크게 쏘게 될 거야."

며칠 뒤 더드림교회 당회실.

박도현 장로의 입에서 나온 한 마디는 회의실을 단숨에 폭풍 속으로 몰아넣었다.

"새로운 담임목사 청빙을 서바이벌 오디션 형식으로 진행하려고 합니다."

“아니, 오디션이라뇨?” 얼굴이 벌게진 이 장로가 벌떡 일어나 삿대질을 하며 말했다.

“교회가 연예인을 뽑는 곳입니까? 목사님을 정말 그렇게 뽑아도 된다고 생각하십니까?”

“담임목사님이 아직 병상에 누워 계시는데, 어떻게 바로 새 담임목사님을 뽑는다고 하십니까? 그것도 전국에 방송으로 나가는 공개 쇼로요? 말도 안 됩니다.”

“지금도 사람들이 교회를 우습게 보는데 이런 방송이 세상에 나가면 얼마나 교회가 욕을 먹고 하나님의 영광을 가리는 일이겠습니까?”

장로들의 반발은 예상대로 거셌다. 박도현은 말없이 그들의 얼굴을 차례로 바라보았다. 잠시 침묵이 흐른 뒤 그는 낮은 목소리로 말했다.

“그럼 다른 방법이 있습니까? 이대로라면 우리 교회도 곧 문을 닫습니다. 그게 현실입니다.”

그의 말에 누구 하나 반박하지 못했다. 박도현의 목소리는 더욱 단호해졌다.

“한국 교회는 이미 무너졌습니다. 교인은 줄고 특히 젊은이들은 교회를 떠났습니다. 재정은 바닥이고 교회는 세상의 혐오 대상이 됐습니다. 이런 세상에서 전도요? 씨알도 안 먹히는 얘기입니다. 오히려 예수 믿는다고 하면 정신병자 취급을 당합니다. 예전에 그토록 반대했던 차별금지법이 그나마 이젠 소수가 되어버린 기독교를 차별하지 않도록 지켜주고 있습니다. 아닙니까? 이제는 교회의 생존조차 불투명한 시대입니다. 그러니 어떤 방법을 써서든 우리 교회를 알리고 전도할 수 있다면 저는 무슨 일이든 할 겁니다. 복음에 전혀 관심 없는 세상에 방송을 통해 진정한 복음과 교회가 무엇인지 깨닫게 할 자신이 있습니다. 이건 단순한 쇼가 아닙니다. 전도할 마지막 기회입니다. 분명히 이 선택이 우리 교회와 한국 교회를 살릴 '신의 한 수'가 될 것입니다."

잠시의 적막을 깨며 이를 악문 김 장로가 자리에서 벌떡 일어나 소리쳤다.

"아무리 그래도 우리 교회가 세상의 오락거리가 될 수는 없습니다! 에이 씨~"

그는 의자를 밀치며 회의실을 나가 버렸다. 남은 장로들은 고개를 숙인 채 서로 눈치만 보고 있었다.

"물론 담임목사 청빙 과정은 철저하고 공정해야 합니다. 모든 미션을 비밀리에 진행하고 참가자들에게도 심사위원에게도 미리 공개하지 않을 겁니다. 세상이 외면하는 교회가 목사를 뽑는 과정에서 투명하고 공정하게, 진짜 실력과 신앙, 도덕성, 리더십을 갖춘 사람을 선택하는 것을 보게 된다면 사람들은 다시 교회에 관심을 가질 것입니다. 제가 모든 책임을 지고 진행하겠습니다. 다른 장로님들은 어떻게 하시겠습니까?"

충격적인 제안이었지만 뾰족한 다른 대안은 없었다. 결국 잠시의 침묵 끝에 남은 장로들은 마지못해 박도현의 제안에 따르기로 했다.

며칠 뒤 TV 광고가 전파를 탔다.

더드림교회가 새로운 담임목사를 찾습니다!

지원 자격 : 신학을 공부한 자 누구나.

진행 방식 : 각종 미션을 통해 최종 1인 선발.

심사위원 : 교회 대표 4인과 신학 전문가 1인.

1차 미션 : 5분 공개 설교. 지금 바로 지원하세요!

광고는 순식간에 세간의 화제가 되었다. 유튜브, SNS, 각종 방송에서 격렬한 논쟁이 이어졌다. 교회가 미쳤다는 비난과 신선하다는 반응이 맞섰다. 그러나 분명한 건 흥행이었다. 그리고 광고를 보던 한 사람 안요한은 진정되지 않는 심장을 억누르며 중얼거렸다.

"미친."

목사의 길

안요한은 교회에서 태어나 교회에서 자랐다. 어린 시절부터 그의 세상은 교회였다. 그에게 교회는 집이었고 놀이터였으며 학교였다. 고등학교 시절 요한의 아버지가 담임한 교회는 허름한 지하에 있었다. 습기 찬 시멘트벽, 눅눅한 공기와 습한 곰팡이 냄새. 요한의 기억 속에 늘 퀴퀴했던 그 교회는 그가 숨 쉬던 삶의 전부였다.

요한의 아버지 안동혁 목사는 서울에 있는 대형 교회에서 촉망받던 부목사였다. 단정한 외모와 논리정연한 설교로 몇몇 교회에서 담임 청빙 제안을 받았고, 모두가 부러워하는 대형 교회의 담임목사가 되었다. 교인들은 담임

목사를 존경했고, 교회 안에서 안요한은 '담임목사 아들'이라는 이름표 덕에 언제나 특별대우를 받았다. 수련회에 가면 권사들이 요한의 식판에는 고기를 더 얹어 주었고, 예배 시간에 떠들어도 꾸중을 듣지 않았다. 어린 마음에 자신이 그 교회의 왕자라도 되는 듯 생각했었고, 그땐 그것을 당연하다고 여겼다.

그러나 그 행복은 오래가지 않았다. 안요한이 고등학생일 때 아버지는 갑자기 담임목사직을 내려놓았다. 교회에서 나고 자란 요한은 알았다. 목사가 교회를 떠날 때는 심각한 문제가 있기 때문이란 걸. 건강의 큰 위기, 재정 비리, 윤리적 문제, 성적인 추문 또는 장로들과의 갈등. 그러나 아버지는 그 어디에도 해당하지 않았다. 요한이 아는 한 아버지는 좋은 아빠, 좋은 남편, 좋은 목사였다. 평온했던 어느 날, 아버지는 식탁에 앉아 한마디를 꺼냈다.

"나는 진짜 교회가 되고 싶다."

순간 식탁 위 공기가 얼어붙었다. 어머니도 요한도 심각한 표정의 아버지에게 차마 어떤 말도 잇지 못했다.

'진짜 교회라니? 지금 우리 교회는 가짜였단 말인가?'

이해할 수 없는 아버지의 선언은 곧 행동으로 이어졌다. 한 달 후에 요한의 가족은 낯설고 외딴 동네, 반지하로 이사했고 그곳에서 몇 사람과 함께 조촐한 예배가 시작되었다. 요한은 이런 현실이 부끄러웠다. 친구들이 아버지의 직업을 물을 때마다 어물쩍 대답을 피했다. 요한이 자랑스러워했던 큰 교회 목사인 아버지는 이제 낡고 빛바랜 구멍가게의 허름한 간판 같았고 초라한 아버지의 지하 교회는 숨기고 싶은 치부가 되었다. 아버지에 대한 원망은 그렇게 요한의 마음속 깊은 곳에 서서히 뿌리를 내렸다.

그러나 아이러니하게도 요한은 목사가 되기로 결심했다. 아버지처럼 실패자가 아니라 아버지를 넘어서는 성공한 목사, 누구나 고개를 끄덕이며 인정할 만한 크고 화려한 교회의 목사가 되고 싶었다.

그는 신학교에 입학하고 군 복무 후 곧바로 결혼했다. 그리고 신학대학원을 졸업한 후 작은 교회 전도사로 사역을 시작했다. 사실 원했던 길은 아니었다. 그는 대형 교회에서 경험을 쌓고 싶었으나 아버지의 과거가 더는 그의

'빽'이 되어주지 못했다. 주어진 일에 최선을 다했지만, 마음은 늘 허전했다. 시간이 지나면서 조금씩 더 큰 교회로 옮겨가며 인정을 받았지만 허전한 마음은 채워지지 않았다. 자신보다 못하다고 생각한 동기들이 더 큰 교회에 부목사로 사역하는 것을 볼 때마다 속에서 부아가 치밀었다.

"하나님은 왜 저를 크게 쓰지 않으십니까?"

기도라기보다 항의에 가까운 물음이 가슴을 맴돌았다. 아버지에 대한 원망, 현실에 대한 불만, 한국 교회의 암울한 미래에 대한 두려움이 뒤섞이며 그는 점점 지쳐갔다. 한국 교회는 생각보다 빠르게 무너지고 있었다. 지금 있는 교회조차 언제 문을 닫을지 몰랐다. 성도 수는 절벽처럼 줄고, 교회는 빚더미에 허덕이며 인건비와 선교비부터 줄이는 실정이었다. 목사라는 직업으로 언제까지 버틸수 있을지 알 수 없었다.

그러던 어느 날 TV에서 광고가 흘러나왔다.
"세상에 없던 공개 오디션, 여러분의 손으로 최고의 목사를 뽑아주세요!"

"미친!" 요한의 입에서 저절로 튀어나온 말이었다. 그러나 곧 그의 마음은 이상하게 뒤집혔다. "아니, 어쩌면 이게 내게 절호의 기회일지도 모르겠어." 저 기묘한 오디션이 산소호흡기로 겨우 연명하는 한국 교회를 살릴 마지막 극약 처방이 될 수 있겠다고 그는 스스로를 합리화했다.

때마침 전화벨이 울렸다. 신대원 동기인 김요한 목사였다. 이름이 같아서 동기들이 두 사람을 혼동하기 일쑤였는데, 그 역시 작은 교회 목사 아들로 둘은 금세 친해졌다. 어쩌면 두 요한은 같은 상처를 안고 있었는지도 모르겠다.

"안 목사, The Pastor Game 광고 봤어? 나는 지원하려고 하는데 너도 같이 하자!"

들뜬 목소리가 수화기 너머까지 흘러나왔다. 요한은 이미 마음을 정하고 있었지만, 일부러 망설이는 듯 말했다.

"좀 기도해 보고."

그 말은 진짜 기도한다는 의미가 아니라 잠시 더 고민해 본다는 종교적 언어임을 그도 모르는 터는 아니었다.

"기도는 무슨. 다들 먹고 살겠다고 목사 그만두고 교회를 떠나서 대리운전, 택배기사, 음식배달 라이더, 학원 강사로 다 나가는 판국에, 이번이 정말 마지막 기회야. 빨리 신청해야 해!"

몇 마디 더 대화를 나눈 후 요한은 낮은 목소리로 대답했다.

"그래, 알았어. 나도 지원할게."

요한은 전화를 끊고 컴퓨터 앞에 앉았다. '지원 목적'을 묻는 칸 앞에서 손이 멈췄다. 한참을 고민하다가 결국 이렇게 적었다.

'아버지가 포기한 목사의 길을 끝까지 걷기 위해.'

지원서를 보낸 후 그는 곧장 아버지를 찾아갔다. 오래전 개척 교회를 정리한 뒤, 아버지는 장례 지도사 겸 유품 정리사로 일하고 계셨다. '한 사람의 마지막을 돌보는 일이 가장 의미 있다'는 아버지의 말에 요한은 인간적인 존경심을 느꼈다. 하지만 정작 그 존경의 마음을 아버지께 직접 표현한 적은 단 한 번도 없었다.

"아버지, 저… 이번에 목사 공개 오디션에 나가려고 합니다."

아버지는 잠시 눈빛이 흔들렸지만, 아들을 바라보며 짧게 대답했다.

"그래, 잘 준비해서 나가거라. 기도하마."

그리고 조용히 아들을 안아 주었다. 말보다 더 깊은 위로와 격려가 그의 품 안에서 전해졌다.

첫 촬영 당일. 요한은 정장을 입고 스튜디오처럼 꾸며진 교회에 들어섰다. 수십 대의 카메라, 분주히 움직이는 스태프들, 그리고 한때 이름을 날렸던 부흥사들과 연예인 출신 목사들까지. 긴장과 설렘이 교차했다. 그때 멀리서 김요한 목사가 손을 흔들며 외쳤다.

"안 목사, 여기야!"

웅장한 음악과 함께 MC의 목소리가 울려 퍼졌다.

"세상에 없던 공개 오디션! 여러분의 손으로 한국 최고의 목사를 뽑는 시간입니다. The Pastor Game, 지금 바로 시작합니다!"

　옆에서 스텝이 손짓으로 환호와 박수를 유도하자 참가
자들은 어색해 하면서도 이내 열심히 박수를 쳤다. 화려
한 조명과 음악, 박수와 환호 소리 사이, 요한의 가슴은 크
게 요동쳤다. 두려움과 기대, 씁쓸함과 설렘이 뒤섞인 그
순간, 그는 조용히 마음속으로 다짐했다.
　"그래, 이게 마지막이다. 아버지가 가다가 포기한 그 길
을 끝까지 가보자. 이것이 나, 안요한의 길이다. 하나님!
도와주십시오."

5분 설교 미션

"현대 설교학의 거장 토마스 G. 롱 교수는 이렇게 말했습니다. '설교란 성령의 인도하심 아래, 성경의 말씀을 해석하고, 오늘의 청중에게 하나님의 현재적 뜻을 선포하는 증언 행위다.' 그러므로 진정한 설교는…"

강단에 선 교수의 열성적인 목소리는 쉴 새 없이 울려 퍼졌다. 그러나 강의실 맨 뒷자리, 안요한은 그 열기와 무관하게 다른 세계에 몰입해 있었다. 그의 노트북 화면은 '중등부 예배 설교용 PPT'였다. 같은 공간 다른 시간. 설교학 강의실은 요한에게 진공 상태처럼 느껴졌다.

'하나님의 현재적 뜻이라고?'

교수의 말은 거창했지만, 요한의 머릿속에는 현실적인 질문만 맴돌았다.

'아이들이 과연 이런 말들을 알아듣기나 할까? 요즘 애들은 금붕어만큼도 집중을 못한다는데, 결국 설교는 거창한 이론이 아니라 집중력을 붙드는 기술 아닌가?'

그는 PPT 속에 다양한 아이콘과 밈, 애들이 좋아할 짧은 유머를 넣으며 중얼거렸다.

'세상에선 설교가 꼰대 잔소리 같다고 하지만 내 설교는 다르다. 적어도 애들에게 하품은 안 하게 만들 테니까.'

교수는 수업을 마치며 마지막 말로 순간 분위기를 차갑게 만들었다.

"다음 주 설교학 기말고사는 5분 설교 실습으로 하겠습니다. 잘 준비하길 바랍니다."

강의실은 순식간에 술렁였다.

"헐~ 5분 설교라니, 진짜 떨리겠다. 어떻게 하지?"

학생들의 탄식이 여기저기서 터져 나왔다.

요한은 속으로만 중얼거렸다.

'뭘 어떻게 해. 그냥 잘하면 되는 거지.'

그에게 설교란 숨 쉬듯 자연스러운 것이었다. 아버지를 따라 교회에서 자라며 종교적 언어는 몸에 밴 습관 같았고, 게다가 이미 '설교 잘한다'는 평을 듣고 있었다.

'이번에야말로 홈런을 쳐야지!'

그의 어깨는 솟아오르는 자신감으로 살짝 뒤로 젖혀졌다.

일주일 후 기말고사 설교 실습 시간, 교수는 말했다.

"가장 먼저 용기 내어 설교해 볼 사람? 첫 번째는 가산점이 있습니다."

주저하는 학생들 사이에서 요한은 가장 먼저 손을 들었다. 순간 강의실에 "오~" 하는 감탄사가 터져 나왔다. 그는 강단 앞으로 나가서 인사한 뒤, 준비한 메시지를 거침없이 풀어냈다. 전략은 간단했다. 5분 안에 성경 본문을 자세히 풀어서 설명하는 건 불가능하다. 대신 청중의 가슴에 강한 인상을 남길만한 예화와 적용을 심어줘야 한다.

그의 전략은 정확히 적중했다. 교수는 미소를 지었고, 학생들의 눈빛에는 부러움이 서렸다. 요한은 뿌듯했지만, 겉으로는 수줍은 표정을 지으며 겸손을 연기했다.

며칠 뒤, 그가 섬기는 교회에서 수요예배 설교를 맡았을 때도 마찬가지였다. 어른들 앞에서 하는 설교는 오히려 더 쉬웠다. 예배가 끝난 뒤, 성도들의 "전도사님, 오늘 은혜 많이 받았습니다."라는 말은 그에게 작은 환호성처럼 들렸다.

우쭐해진 마음으로 아내와 함께 집으로 돌아오는 길, 차 안의 분위기는 이상하리만큼 무거웠다. 언제나 칭찬을 아끼지 않던 아내가 차가운 표정으로 아무 말 없이 창밖만 바라보고 있었다.

"오늘 무슨 일 있었어?" 요한이 물었다.

잠시의 침묵 뒤, 아내가 조용히 말했다.
"요한아."
언제나 존댓말을 쓰던 아내가 반말로 이름을 부르는 순

간, 요한은 본능적으로 긴장했다.

"설교자는 하나님을 보고 설교해야지, 사람들을 보고 설교하면 그때부터 죽는 거야."

담담한 목소리였지만 그 말은 요한의 심장을 찔렀다. 성도들의 박수와 칭찬에 도취된 자신을, 아내는 누구보다 날카롭게 꿰뚫어 본 것이었다. 하물며 사람의 중심까지도 보시는 하나님이야 더 말할 나위가 없으리라. 그날 밤, 요한은 다짐했다.

'보이지 않는 하나님보다 먼저 호랑이 눈을 한 아내 앞에서라도 당당해야겠다.'

화려한 조명이 교회를 스튜디오로 바꿔 놓은 날, 드디어 1라운드 5분 설교 미션이 시작됐다.

"대한민국 최초로, 여러분의 손으로 직접 뽑는 최고의 목사는 누가 될 것인가! The Pastor Game, 다섯 분의 심사위원을 소개하겠습니다."

무대 바로 앞 심사위원석에 조명이 하나씩 켜졌다. 첫 번째로 방송국 피디 출신의 박도현 수석 장로가 심사위원장으로 소개됐다. 그리고 옆자리에는 대기업 인사팀장 출신의 조범진 안수집사가 앉았다. 그는 냉철하고 실무적인 판단력으로 조직 운영과 리더십, 커뮤니케이션 능력을 집중해서 보겠다고 말했다. 새벽기도에 한 번도 빠지지 않은 기도의 어머니, 오경숙 권사는 화면에 자신의 얼굴이 뜨자 수줍어 두 손으로 얼굴을 가렸다. 그녀는 참가자의 인격과 경건성, 영성을 중심으로 평가할 것이다. 그리고 청년 대표로는 크리스천 인플루언서이자 감성을 중시하는 30세 디지털 마케터 장하민 형제가 나섰다. 소통력과 현실감, 미래 비전 부분을 보기로 했다. 마지막으로 스페셜 심사위원으로 신학교에서 조직신학을 가르쳤던 윤재원 명예 교수가 자리했다.

"와~ 이제 진짜 시작이라니. 요한아, 너무 긴장돼 죽겠어!"

옆자리의 김요한 목사가 연신 발을 동동 구르며 말했다. 안요한 역시 긴장됐지만, 그저 고개만 끄덕였다. 이제 이곳은 예배당이 아니라 서바이벌 무대이다. 하나님의 말씀을 선포하는 자리라기보다는 단 5분 동안 심사위원들의 눈과 귀를 사로잡아야 하는 경쟁의 장, 마치 베데스다 연못이었다.

"첫 번째 설교자를 모셔보겠습니다." 사회자가 커다란 상자에 손을 넣었다. 긴장된 침묵 속에서 번호가 뽑혔다.

"37번 목사님, 앞으로 나와주세요!"

안도의 한숨이 대기실을 가득 채웠다. 자신이 첫 번째가 아니란 사실에 참가자들은 잠시나마 긴장을 풀고 숨을 돌릴 수 있었다.

강대상 위로 생활 한복 차림의 37번 목사가 올라왔다. 그는 두 눈을 번뜩이며 마이크를 움켜쥐었다.

"회개하라~ 천국이 가까이 왔도다! 여러분이 바로 한국 교회를 망하게 한 장본인입니다!"

첫 마디부터 불벼락 같은 외침이 쏟아졌고, 방청석은 순간 움찔했다. 그의 손은 허공을 휘젓고 주먹은 강대상을 두드렸다.

"너희가 탐욕으로, 너희가 나태함으로, 너희가 기도의 무릎을 잃었기에 교회가 이렇게 된 것이야!"

그의 목소리는 오래전 부흥회를 인도하던 부흥사 같았다. 그러나 그의 기세와 달리 청중의 표정은 차갑게 굳어갔다. 조범진 집사는 팔짱을 끼고 고개를 갸웃했고, 청년 대표 장하민은 휴대폰을 만지작거리며 딴청을 부렸다.

남은 시간은 빠르게 줄었지만 메시지는 깊어지지 않았다. 심사위원들의 얼굴이 하나둘 굳어질수록 37번의 눈빛도 흔들렸다. 5분 타이머가 울리자 조명과 마이크가 동시에 꺼졌다.

"이런 죄악 된 자들!"이라는 외마디 외침과 함께 37번 참가자는 단 한 개의 패스도 얻지 못하고 무대 뒤로 퇴장했다. "와~ 장난 아니다." 대기실에서 탄식 소리와 한숨이 섞여 나왔다.

"다음은 62번 목사님."
강대상에 오른 62번은 말끔한 양복 차림과 반듯한 미소로 이미 점수를 딴 듯 보였다.
"기적은 멀리 있지 않습니다. 오늘 여러분 곁에, 바로 하나님의 말씀 속에 기적은 시작됩니다."
대형 교회 부목사 출신인 62번은 부드러운 음성, 세련된 비유, 딱 떨어지는 유머 감각으로 설교 원고도 없이 깔끔하게 5분에 맞춰 설교를 마쳤다. 설교가 끝나자 방청석에선 박수까지 나왔고, 심사위원 다섯 명 전원이 패스 버튼을 눌렀다. 꺼졌던 강대상 조명은 다시 환하게 켜졌고 폭죽과 함께 꽃가루까지 날렸다. 심사위원들의 간단한 코멘트 후 62번 목사는 "오직 하나님만 보며 설교했습니다"라며 겸손한 표정으로 소감을 전했다.

선수는 선수를 알아보는 법. 안요한은 '저 정도면 강력한 우승 후보다!'라고 속으로 생각했다.

그 뒤로 참가자들이 차례로 강대상에 섰다. 트로트 가수 출신 21번이 무대에 오르자 경연장 공기가 후끈 달아올랐다.

"언제나 내겐 오랜 친구 같은~ 사랑하는 주님이 있어요 ~♫"

흥겨운 노래 한 소절이 울려 퍼지자 방청석에서는 나이 든 성도들이 덩실덩실 어깨춤을 췄다. 권사 한 분은 눈시울을 붉히며 손수건을 흔들었다.

그러나 심사위원석은 차가웠다. 장하민은 "이건 설교가 아니라 무대 공연입니다"라고 말했다. 패스 불빛 두 개는 결국 켜지지 않았다. 21번은 아쉬운 얼굴로 내려갔지만, 청중의 박수는 여전히 뜨거웠다.

8번은 부들부들 떨며 원고를 읽었지만 목소리가 마이크에조차 닿지 못했고, 77번은 지루한 내용과 자장가 같은 말투로 5분 만에 성도들을 꿈나라로 보내버리는 기적을 일으켰다. 방송이라는 것은 기다림의 연속이라더니, 5분씩이지만 참가자가 많아 녹화 시간은 생각보다 길어졌다.

쉬는 시간에 간식이 제공되었는데, 다들 목사라 담배를 피우지 않아서 그런지 간식이 너무 빨리 떨어진다며 스텝들이 볼멘소리를 했다.

다시 녹화가 시작됐다. 45번, 아나운서 출신 여자 목사가 등장하자 분위기는 다시 신선해졌다.

"오늘 하나님의 말씀은…"

단정한 발음, 명료한 억양. 마치 그녀의 설교는 저녁 9시 뉴스처럼 귀에 쏙쏙 들어왔다. 방청객들이 고개를 끄덕였고, 오경숙 권사는 감탄을 감추지 못했다. 다섯 개 패스 불빛이 동시에 켜졌다.

11번, 개그맨 출신 목사가 무대에 오르자 청중은 벌써 웃을 준비가 되어 있었다.

"저는 어렸을 때 자전거가 너무 갖고 싶어서 하나님께 간절히 기도했어요. 그런데 하나님은 자전거를 주시지 않는 겁니다. 그래서 저는 방법을 바꿨습니다. 먼저 자전거를 훔친 뒤에 하나님께 기도해서 도둑질을 용서받았습니다. 하하"

웃음은 터졌지만, 시간이 갈수록 메시지는 사라지고 농담만 남았다. 방청석에 앉은 교인들의 분위기는 나쁘지 않았지만, 심사위원들이 패스를 누르지 않아 결국 탈락했다. 그의 웃음 가득하던 얼굴은 무대를 내려오며 씁쓸함으로 바뀌었다.

67번, 찬양 사역자 출신의 목사가 기타를 둘러메자 무대는 찬양 집회로 바뀌었다.

"주님, 이곳에 임하소서~"

짧은 찬양 후 이어진 설교는 담백하고 깊은 감동이 있었다. 방청석 곳곳에서 눈물을 훔치는 이들이 보였다. 심사위원석에서도 다섯 개 패스가 동시에 켜졌다. 꽃가루가 흩날리고, 무대는 다시 빛으로 가득 찼다.

33번 목사는 자신이 겪은 교통사고 간증을 실감 나게

전달했다. 죽기 직전의 숨 막히는 순간을 지나며 "하나님이 저를 살리셨습니다"라는 고백이 터져 나오자 방청석이 숙연해졌다. 결국 합격이었다.

뒤로 갈수록 대기실에 남은 참가자들도 심사위원들도 지쳐갔다.

안요한이 '차라리 빨리 해버리는게 좋겠다.'라고 생각할 때쯤 그의 번호가 불렸다.

"92번 목사님, 무대로 올라와 주세요!"

그는 나가기 전 대기실 거울을 보면서, 긴장과 피곤이 가득한 얼굴을 확신과 자신감으로 가득한 표정으로 고쳤다. 준비한 설교는 이전 교회에서 부목사로 있을 때 성도들에게 했던 설교 중 가장 인기가 좋았던 것이었다. 무대에 서니 환한 조명이 눈에 비춰 낯설게 느껴졌다. 잠시 숨을 고르고 준비한 메시지를 또박또박 전하기 시작했다.

"저에겐 초등학교 2학년 아들이 하나 있습니다. 붕어빵처럼 저를 많이 닮았습니다." 너무 어려운 본문이 아닌 무난한 말씀이지만 아들과의 예화로 감동을 주며 하나님의 사랑을 전하는 동안 금세 5분이 지났다. 설교는 기대한 대로 괜찮았지만, 결과는 패스 네 개로 보류였다.

'긴장한 탓에 평소보다 완급 조절을 못한 것이었을까? 아니면 다른 특색 있는 목사들보다 내용에서 감동적인 임팩트가 없었기 때문이었을까?'

안요한은 이제까지 자신은 설교를 잘한다고 생각했는데, 이제는 설교를 잘한다는 것이 무엇인지 헷갈릴 지경이었다. 허무하게 무너져가는 자신감을 붙들며 여러 가지 생각에 잠겨있느라 바로 뒤이어 무대에 오른 김요한의 설교는 하나도 귀에 들어오지 않았다. 자신과 마찬가지로 보류 판정을 받고 대기실로 들어온 김요한이 말을 걸었을 때야 비로소 정신이 돌아왔다.

"요한아, 너나 나나 진짜 아깝다. 한 표만 더 있었어도 됐는데."

"그러게." 안요한은 쓸쓸히 웃었다.

드디어 참가자 100명의 설교가 끝났다. 패스 5개로 합격한 목사들 외에 추가 합격자를 선정하기 위해 심사위원들이 논의에 들어갔다. 대기실에 남은 보류 목사들은 긴장한 채 기도하는 마음으로 결과를 기다렸다. 한참 후에 심사위원장 박도현 장로가 마이크를 잡았다.

"현재까지 합격자는 16명입니다. 하지만 보류자 중 추가 합격자가 있습니다. 92번, 19번, 60번, 48번 목사님, 축하드립니다!"

순간 김요한은 자리에서 벌떡 일어나 소리쳤다.

"우리 둘 다 추가 합격이라니, 정말 할렐루야네!"

기쁘게 외치는 김요한의 말에 안요한은 웃음으로 답했지만, 마음은 복잡했다. 기쁨보다는 이런 질문이 남았다.

'내가 걷는 이 길, 과연 옳은 길일까?'

스텝들이 다 빠져나가고 조용해진 무대 한 구석, 그는 핸드폰을 들었다.

"아버지, 저 1라운드 통과했어요."

Chapter 4

랜덤박스

지난주 첫 방송 된 The Pastor Game은 한국 사회를 흔들어 놓았다. 기대와 비난, 조롱과 호기심이 뒤섞인 반응이 쏟아졌고, 사람들은 마치 오래된 장난감을 새삼스레 발견한 듯 교회 이야기를 입에 올렸다. 좋은 반응만은 아니었지만, 그것조차 박도현 장로가 예상한 바였다.

'악플도 관심이다'라는 방송가의 오래된 공식이 이제 하나님의 집이라는 교회에도 그대로 적용되고 있었다.

1라운드를 통과한 20명의 목사는 번호가 아닌 자신의 이름을 되찾았다. 낯선 유명세에 얼떨떨한 그들의 얼굴은 각종 인터넷 게시물과 뉴스 프로그램에 오르내렸고, 오랜 세월 교회가 잃어버린 대중의 관심이 묘한 방식으로 돌아오고 있었다. 마치 고대 로마의 콜로세움처럼, 이제 교회는 신앙의 공간이 아니라 구경거리가 된 듯했다. 조명은 현란했고, 방송 스텝들의 분주한 발걸음이 예배당 안을 채웠다. 20명의 목사는 대기실로 들어서며 다시 한 번 이를 악물었다. 우승을 위해서라면 어떤 것도 해내야 했다.

무대 위 사회자의 목소리가 세상의 높아진 관심만큼 신나게 울려퍼졌다.

"두 번째 미션은 1대1 라이벌 설교 대결입니다! 두 분이 짝을 이뤄 랜덤박스에서 무작위로 선정된 성경 본문을 뽑게 됩니다. 오직 성경책만 가지고 1시간 동안 설교를 준비해야 하고, 인터넷, 주석책, 어떠한 AI도 사용할 수 없습니다. 동전 던지기로 선후공을 정한 후 각자 20분의 설교로 자신의 모든 것을 보여 주시기 바랍니다. 승자는 다음 라운드로, 패자는 바로 탈락! 가슴 떨리는 라이벌 미션, 지금부터 시작합니다!"

첫 번째 미션이 각자의 개성과 스타일을 뽐내는 무대

였다면, 이번 미션은 목사로서 정공법으로 승부할 수밖에 없는 미션이었다. 설교자의 해석 능력, 깊은 묵상으로 말씀을 붙드는 평소의 내공이 낱낱이 드러나게 된다. 대기실에는 순식간에 작은 숨소리조차 사라졌다. 참가자들은 알고 있었다. 이건 단순한 경쟁이 아니라 생존이었다.

김요한이 안요한에게 속삭였다.
"야, 이거 심각하다. AI도 없이 성경책만 가지고 20분 설교를 하라니, 이거 미친 거 아냐?"
안요한은 내심 자신이 있었지만, 겉으로는 걱정스레 고개만 끄덕였다.
'결국 목사가 붙들 것은 말씀뿐이지. 말씀이 없으면 목사도 없는 거야.'
안요한은 조용히 혼잣말을 하고 있었다.

첫 번째 대결은 윤지혁 목사와 서혜진 목사였다. 테이블 위에는 성경책 모양의 작은 상자 10개가 놓여 있었다. 두 사람은 잠시 눈빛을 주고받은 뒤 한 상자를 선택했다. 조심스럽게 상자를 열자 카드에는 다음과 같이 적혀 있었다.

"요한복음 15장, 포도나무 비유."

본문을 확인한 두 사람의 표정이 달라졌다. 한 시간의 카운트다운이 시작되자 전광판에는 줄어드는 시간이 표시되고, 두 사람은 성경책과 메모지 그리고 볼펜만 들고 각자의 방으로 들어갔다. 본문과 주제를 확인한 심사위원들이 흥미로운 표정으로 수군거렸다. 요한복음 15장은 누구나 잘 아는 본문이지만, 누구도 쉽게 다루지 못하는 본문이었다. 흔하디흔한 구절 속에서 무엇을 새롭게 끌어낼 것인가, 바로 그 차이가 설교자의 내공이었다. 이 모든 장면이 대기실에서 긴장한 채 바라보는 목사들의 표정과 함께 방송으로 나가고 있었다.

윤지혁 목사의 준비실. 그는 한 손으로 머리를 쥐어뜯듯 감싸 쥐며 종이에 무언가를 적었다가 지우기를 반복했다. 평소 예화와 간증으로 설교를 채워온 그에겐 본문만 붙들고 있는 시간은 고통이었다. 결국 무대에 오른 그는 본문을 읽은 뒤, 궁여지책으로 자신의 유학 시절 이야기를 늘어놓았다. 그의 이야기는 매끄러웠지만 어딘가 낯설고 어색한 기류가 흘렀다. 이야기와 본문의 연결점이 약했기 때문이다.

　반면 서혜진 목사는 침착했다. 차분히 본문을 해석하며 목소리를 가다듬었다.

　"사랑하는 여러분, 오늘 예수님께서는 자신을 포도나무, 우리를 그 가지라고 비유하셨습니다. 가지가 스스로 열매를 맺을 수 있을까요? 열매를 맺을 수 없습니다. 가지는 오직 나무에 단단히 붙어 있어야만 생명력을 공급받아 풍성한 열매를 맺을 수 있습니다. 우리 삶도 마찬가지입니다. '예수님께 붙어 있는 가지로 산다는 것'은 내 힘으로 사는 것이 아니라, 예수님의 능력과 인도하심에 나를 온전히 맡기겠다는 겸손한 고백입니다. 우리가 그분 안에 머무를 때 삶의 열매를 맺게 되는 것입니다. 우리의 신앙은 그분 안에 깊이 뿌리내릴 때 풍성함을 찾을 수 있습니다."

　담담한 목소리였으나 내용이 가진 힘은 생각보다 울림이 있었다. 결국 심사위원 전원이 서혜진의 손을 들어주었고, 윤지혁은 고개를 숙인 채 무대를 내려갔다.

　두 번째 대결은 정재훈 목사와 이성만 목사였다. 본문

은 사도행전 2장, 성령 강림 사건이었다.

이성만은 무대에 오르자마자 손을 번쩍 들면서 외쳤다. "저는 성령의 불을 체험했습니다!" 그의 설교는 개인 간증으로 흘러갔다. 뜨겁긴 했지만 지나치다 싶을 정도로 개인적이었다. 반면 정재훈은 차분히 본문을 풀어내며 성령 강림이 공동체에 어떤 변화를 가져왔는지, 초대 교회의 모습까지 조망했다. 심사위원들은 이성적으로 본문을 풀이한 정재훈의 손을 들어주었고, 이성만의 뜨거웠던 열정은 심사위원들의 냉철한 평가 앞에서 힘을 잃었다.

다음은 대형 교회 출신의 최동욱 목사와 일타강사 출신의 이태준 목사의 맞대결이었다. 창세기 22장, 아브라함과 이삭의 이야기였다.

이태준은 특유의 카리스마와 일타강사다운 전달력으로 청중을 휘어잡았다. 그러나 성경을 인문학적으로 접근한 것이 조금은 아쉬웠다. 반면 최동욱은 진지하게 본문에서 메시지를 끌어냈다.

"하나님께서 아브라함에게 이삭을 바치라고 하신 이유

는 아브라함의 마음속에 하나님보다 더 중요하게 여기는 것이 있는지 보시기 위함입니다. 우리도 삶 속에서 하나님보다 우선시하는 우상들이 있습니다. 돈, 성공, 가족, 건강, 행복, 명예…"

메시지는 단순했지만, 진실했고 현실적인 적용이 좋았다. 방청석에서도 고개가 끄덕여졌고, 심사위원들은 버튼을 동시에 눌렀다. 최동욱의 승리였다.

1대1 라이벌 설교 미션이 계속되면서 순서를 기다리고 있는 목사들의 긴장감이 극에 달했다.

"이거 완전 고문이구만, 고문이야. 직통 계시로 어떤 본문인지 하나님이 미리 알려주시면 좋으련만."

김요한은 투덜대는 말이 채 끝나기도 전에 이름이 호명되었다. 김요한 목사와 박준호 목사가 무대에 섰고, 그들이 뽑은 말씀은 로마서 8장 28절이었다. 시간이 부족해 급하게 성경책을 들고 준비실로 뛰어 들어가는 김요한과 달리 박준호는 여유로운 모습으로 천천히 방으로 들어갔다.

"와, 저렇게 표정이 여유롭다고? 박 목사님, 내공이 느

꺼지네.”

대기실에 탄성이 터졌다. 그리고 박준호는 1시간 만에 잘 준비된 듯한 설교로 성도들과 심사위원을 사로잡았다. 순발력이 좋은 건지, 평소에 성경 연구를 많이 한 건지 모르겠지만 이번 라운드에서 가장 빛난 인물은 박준호였다. 반면 김요한은 긴장 속에서도 본문의 의미를 성실히 묵상하며 준비했지만, 그의 설교는 듣는 사람에게 너무 평이하게 느껴졌다. 결국 승자는 박준호였다.

대기실로 들어온 김요한은 힘없이 자리에 앉았다. 그 모습을 본 안요한이 손끝으로 친구의 어깨를 짧게 토닥였다. 마지막 순서인 안요한은 친구에게 살가운 위로의 말을 건넬 여유가 없었다. 드디어 이름이 불린 안요한은 숨을 깊게 들이마시고 무대로 걸어 나갔다. 상대는 이찬우. 그리고 상자 속 본문은 시편 23편이었다.

¹ 여호와는 나의 목자시니 내게 부족함이 없으리로다

² 그가 나를 푸른 풀밭에 누이시며 쉴 만한 물 가로 인도하

   시는도다

³ 내 영혼을 소생시키시고 자기 이름을 위하여 의의 길로

인도하시는도다

[4] 내가 사망의 음침한 골짜기로 다닐지라도 해를 두려워하지 않을 것은 주께서 나와 함께 하심이라 주의 지팡이와 막대기가 나를 안위하시나이다

[5] 주께서 내 원수의 목전에서 내게 상을 차려 주시고 기름을 내 머리에 부으셨으니 내 잔이 넘치나이다

[6] 내 평생에 선하심과 인자하심이 반드시 나를 따르리니 내가 여호와의 집에 영원히 살리로다

대기실에서 탄성이 터졌다.

"시편 23편? 세상에, 저건 너무 유명해서 자칫 식상할 수 있는 본문인데."

시편 23편은 교회를 다니지 않는 사람들도 한 번쯤은 노래로라도 들었을 말씀이고, 교회를 좀 다녔다고 하는 성도들은 줄줄 외우고 다닐 정도이니, 매일 먹는 밥맛을 제대로 내는 것처럼 고난도의 설교 본문인 것이다.

안요한은 본문을 천천히 소리 내 읽었다.

"여호와는 나의 목자시니 내게 부족함이 없으리로다."

익숙한 구절이었지만 이상하게도 그날은 달랐다. 전도

사 시절, 밤새 주석서를 붙들고 씨름하던 기억 때문인지 히브리어 원문 하나하나가 눈앞에서 선명히 살아났다. 젊은 시절 도서관에서 주석 책에 파묻혀 보낸 시간은 결코 헛되지 않았다. 그리고 여호와는 나의 목자라는 말씀이 지금 안요한의 상황과 딱 들어맞았다. 요한은 자신이 본문의 푸른 초장에 누운 어린 양처럼 느껴졌다. 말씀에 집중할수록 요한의 마음은 평온해졌다.

강단에서 그는 담담히 말했다.

"진짜 믿음은 사망의 음침한 골짜기에서도 하나님을 목자로 신뢰하는 것입니다. 평탄할 때가 아니라 어둠 속에서 붙드는 신뢰야말로 우리 믿음의 시금석입니다."

안요한의 설교에 방청객들과 심사위원들뿐 아니라 방송 스텝들도 조용히 귀를 기울였다. 제작진 중 한 명은 속으로 '교회라면 질색하는 내가 목사의 설교를 듣고 위로가 된다니, 교회에서 하는 말이 다 나쁜 말은 아니구나!' 하고 생각할 정도였다.

설교 후 심사위원 오경숙 권사가 눈물을 글썽이며 말했다. "안요한 목사님의 설교는 정말 진정성이 느껴졌습니다. 본문의 깊은 의미를 가슴으로 전해주셨어요."

모두의 찬사 속에서 안요한은 다음 라운드 진출을 확정했다. 안요한은 안도의 한숨을 깊게 내쉬었다. '하나님 감사합니다.' 그 순간 짧은 기도 한 줄이 채 끝나기도 전에 가슴 속에 묵직한 돌덩이 하나가 내려앉아 말을 거는 것 같았다.

'설교는 목사가 하고 싶은 말에 맞춰 적당한 성경 구절을 골라 근거로 삼는 작업이 아니다. 하나님이 주신 말씀에서 그분의 뜻을 바르게 분별해 성도들에게 잘 전달하는 것이다. 전통시장에 약장수는 빼어난 말솜씨로 만병통치약을 팔지만, 절대로 자신은 먹지 않는다. 하지만 설교자는 달라야 한다. 하나님의 말씀을 먼저 자신이 받고, 온 마음으로 믿은 후에야 전할 수 있는 것이다.'

그는 그동안 뻔지르르한 언변으로 성도들에게 설교했지만 정작 하나님의 말씀을 자신이 먼저 겸손히 받고 그 말씀대로 살았는지 생각하니, 그 무게 앞에 지금 당장 합격했다고 마냥 기뻐할 수만은 없었다. 힘없는 표정으로 앉아 있는 친구 김요한이 그제야 제대로 눈에 들어왔다.

　이제 2라운드 최종 결과 발표를 하고 이번 녹화 마무리를 할 시간이다. 그런데 한쪽에서 스텝들의 당황한 표정과 분주한 분위기가 느껴졌다. 심사위원석에 앉은 박도현 장로와 담당 피디도 심각하게 대화하고 있었다.

　"문제가 생겼습니다. 윤재원 특별심사위원이 참가자 박준호 목사에게 미션 본문을 사전에 유출했습니다."

　"아니 그런 일이! 어떻게 알게 되었죠?"

　"심사 직후 고맙다는 내용의 문자를 주고받는 것이 카메라에 찍혔습니다."

　최종 발표 직전, 무대 전체가 술렁였고, 제작진이 모여 사태를 수습하고 있었다. 심사위원석의 박도현 장로의 표정은 굳어졌고, 잠시 후 그는 마이크를 잡았다.

　"방금 충격적인 사실이 확인되었습니다. 특별심사위원 윤재원 교수가 참가자 박준호 목사에게 본문을 사전에 유출한 정황이 드러났습니다. 이에 따라 윤 교수는 심사위원에서 즉시 해임되었으며, 부정행위로 진출한 박준호 목사도 실격 처리되었습니다. 박준호 목사 대신 김요한 목사가 다음 라운드에 진출하게 되었습니다. 무엇보다 공정해야 할 서바이벌 공개 오디션에서 불미스러운 사건이 일어나게 된 점 심사위원장으로서 사과의 말씀을 드립니다. 다시는 이러한 불상사가 생기지 않도록 최선을 다하겠습니다. 다시 한 번 죄송한 마음을 전합니다."

대기실이 술렁였다. 김요한은 놀란 눈으로 안요한을 바라봤다. 안요한은 조용히 그의 어깨를 두드리며 말했다.
"죽은 나사로가 다시 살아났네. 요한아, 축하해!"

김요한은 놀란 눈으로 환호했다. 그러나 이내 그의 입가에 씁쓸한 미소가 걸렸다. 당장 3라운드에 진출하게 되었지만, 앞으로의 승리를 장담할 수는 없기에. 그리고 이번 미션을 하면서 옆에 있는 친구 안요한 목사도 결국엔 경쟁자, 특히 강력한 라이벌이라는 사실을 김요한은 깨닫게 되었다. 그늘 진 눈빛으로 요한은 또 다른 요한에게 속마음을 전했다.
'여기까지 올라왔으니 어떻게 해서든 내가 최종 우승을 해야겠다. 미안하다, 요한아.'

벼랑 끝에서

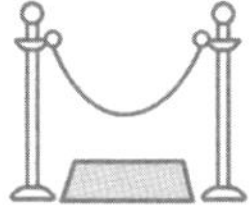

편의점 문이 '딸랑' 소리를 내며 열렸다. 계산대에 있던 아르바이트생이 눈을 동그랗게 뜨고 먼저 인사를 건넸다.

"어! 안요한 목사님 맞죠? 방송 잘 보고 있어요. 꼭 우승하세요!"

예기치 않은 응원에 안요한은 멋쩍게 웃으며 고개를 끄덕였다. 요즘 낯선 사람이 이름을 부르며 알아보는 일이 많아졌다. 싫지는 않았지만 편하지도 않았다. 가게를 나서며 그는 속으로 중얼거렸다.

'코람데오*로 산다면서 정작 하나님의 눈보다 사람들

---

* 코람데오(*Coram Deo*)는 라틴어로 '하나님 앞에서' 또는 '하나님의 면전에서'라는 뜻입니다.

의 시선을 더 의식하고 있네. 이게 맞나?’

The Pastor Game은 장안의 화제가 되었다. 교회를 한 번도 다닌 적 없는 사람들까지 누가 최종 우승자가 될지 초미의 관심이었다. 비난과 냉소는 여전했지만, 그마저도 관심의 다른 얼굴이었다. 이렇게 교회가 주목받은 적이 언제였던가? 한국 기독교인 수는 10년 새 급격히 줄어들어 소수 종교로 전락했고, 개독교라고 불려도 아니라고 말할 수 없는 대표적인 비호감 종교 집단이 아니었던가! 그런데 이번 공개 오디션을 통해 한국 기독교의 위기가 기회로 바뀔 실낱같은 빛을 박도현 장로는 보고 있었다. 전화기를 붙잡은 그의 목소리는 한껏 들떠 있었다.

“이 피디, 지난 라운드는 시청률이 살짝 꺾였지만, 이번엔 터질 거야. 세트랑 연기자들 디테일 좀 더 챙겨줘. 감동 포인트, 크게 만들어야지.”

그에게 쇼는 곧 전략이었다. 그리고 전략의 중심에는 늘 매력적인 주인공이 필요했다. 스타는 태어나는 것이 아니라 철저하게 만들어지는 법이었다.

‘누가 한국 교회를 살릴 스타로 적임자일까?’ 그의 계산은 더욱 정밀해졌다.

처음 100명으로 시작한 참가자는 어느새 10명만 남았다. 이번 라운드는 익숙한 교회가 아닌, 화려한 조명과 장비로 가득한 방송국 세트장에서 진행되었다. 복도를 지나 분장실로 들어가자 프로 메이크업 아티스트들이 참가자들의 얼굴에 섬세한 붓질을 더하여 카메라에 최적화된 모습으로 탈바꿈시켰다. 거울 앞에 앉아 자신의 변화된 모습을 응시하는 시간이 길어질수록 그들의 표정은 더욱 또렷해졌고 어느새 없던 자신감도 원래 있었던 것처럼 화장과 함께 선명하게 드러났다.

대기실로 돌아온 참가자들에게 메인 작가가 이번 미션을 설명했다.

"오늘 미션은 다소 강합니다. 진행 방식은…"

설명을 들으며 안요한은 거의 반사적으로 속으로 짧게 기도했다.

'하나님, 오늘도 저 좀 도와주세요.'

급할 때만 하나님을 찾으며 매달리는 자신이 부끄러웠지만, 지금은 체면을 차릴 마음의 여유가 없었다.

무대에 선 사회자는 한껏 목소리를 높여 이번 미션을 소개했다.

"이번 3라운드의 미션은 위기 대처입니다. 목사는 말씀만 전하는 자가 아닙니다. 목회란 우리의 삶을 통째로 끌어안는 일입니다. 오늘 우리는 삶의 여러 위기의 현장, 벼랑 끝으로 목사님들을 초대합니다. 다섯 가지 비공개 상황, 20분의 제한 시간. 두 명씩 같은 상황에 들어가고, 더 적절하게 대처한 한 분만 다음 라운드로 진출합니다."

카메라가 대기실로 들어와 10명의 긴장한 얼굴들을 차례로 비추고 있었다. 사회자는 참가자들의 속도 모르고 재미있다는 듯 색깔 공이 든 상자를 내밀었다. 제비뽑기로 순서와 비공개 상황을 정하는 것이다. 안요한은 상자 안에 손을 넣어 휘휘 저으며 간절히 바랐다. '제발 요한이랑은 같은 색이 아니길…'

"안요한 목사님, 파란색 5번."

떨리는 손이 채 멈추기도 전에, 사회자의 말이 이어졌다.

"조금 전 김요한 목사님은 파란색 6번을 뽑으셨죠. 같은 상황, 연달아 진행합니다."

대기실에 웃음과 탄식이 뒤섞였다. 하나님도 무심하시지, 친구끼리라도 서로 양보할 수 없는 판이 깔린 것이다. 오랜 친구들의 대결 성사에 당사자들만 마음이 복잡하지, 다른 사람들은 꿀잼을 기대하는 표정이다. 옆으로 고개를 돌려 김 목사를 보았는데 표정이 복잡하다. '김 목사는 무슨 생각을 하고 있을까? 아니 나는 무슨 생각을 하는가?'

첫 주자는 노란색을 뽑은 최준석과 한유진 목사. 노란 방의 문이 열리자 당회실 세트가 펼쳐졌다. 양복 차림의 장로 배역 배우들이 서로를 가리키며 목소리를 높였다.

"교회 재정이 바닥입니다. 허리띠를 졸라매야 합니다. 주일학교 예산부터 줄입시다!"

"말씀을 그렇게 하시면 어떡합니까. 다음 세대는 교회의 미래예요!"

대형 교회 부목사 출신인 최준석은 자리에 앉아 장로들의 얘기를 들으며 빨리 상황을 파악했다.

'오케이, 당회에서 장로님들이 돈 문제로 다투고 있는 설정이구나.'

장로들의 불꽃 튀는 접전 끝에 드디어 최준석에게 화살

이 날아왔다.

"담임목사님의 의견은 어떻습니까?"

최준석은 숨을 한 번 고르고 차분하게 입을 뗐다.

"교회 재정이 어려운 것은 사실입니다. 현실적으로 보았을 때 앞으로도 어려울 것입니다. 주일학교 아이들의 숫자가 줄어든 만큼 부서를 통합하고 담당 교역자 수를 줄인다면 인건비를 아낄 수 있겠지요. 이는 분명 현실적이고 합리적인 해결책입니다. 그러나 교회의 재정 지출은 효율성보다 가치가 더 중요합니다. 교회의 미래가 되는 다음 세대를 위한 투자는 마지막까지 지켜야 하는 성경적 가치라고 생각합니다. 성경적 가치를 따르며 간절히 하나님께 구하면 부족한 것은 하나님께서 채워주실 것을 믿습니다."

현실 감각과 신학적 명분이 균형을 이룬 답변이었다. 장로역의 배우들은 그의 세련된 말에 모두 수긍했고 정확하게 20분 만에 상황은 정리됐다. 화면을 지켜보던 대기실의 다른 참가자들은 갑작스러운 상황에서 저 정도 대처면 선방했다고 입을 모았다.

혼자만 이 상황을 모르고 있는 찬양 사역자 출신의 한유진이 문을 열고 들어갔다. 조금 전과 똑같이 고함치며 싸우는 장로들의 모습에 그는 당황해서 눈이 동그랗게 커졌다.

"담임목사님은 어떻게 생각하십니까?"

한유진은 아직 생각이 정리되지 않았지만 부드럽게 대답했다.

"아무리 교회가 어렵다고, 또 의견이 서로 다르다고 장로님들이 이렇게 싸우시면 어떻게 합니까? 지금 더 중요한 것은 누굴 탓하거나 예산을 줄이는 것이 아니라 공동체가 하나 되는 것입니다. 저는 예산 문제보다 일단 우리의 마음을 하나로 묶고 싶습니다."

한유진의 대답은 진실하긴 했지만, 최준석에 비해 현실성이 떨어지고 다분히 감성적이었다. 그는 20분의 시간 동안 열변을 토했지만 장로들의 마음을 돌릴 수는 없었다. 결국 다음 라운드에 최준석 목사가 진출했고 한유진은 고개를 떨구며 돌아갔다.

다음은 녹색방. 정민우와 이정기 목사 차례였다. 정민우가 먼저 방문을 열고 들어가자 병실로 보이는 곳에 침대가 보였다. 환자 역 배우가 누워 있었고 옆에는 아내로 보이는 여자분이 울먹이며 정민우 목사를 붙잡고 말했다.

"목사님, 왜 이제 오셨어요? 우리 남편 불쌍해서 어떻게 해요. 위암 말기라는데 남편이 죽으면 저는 도무지 견딜 수가 없을 것 같아요. 하나님이 왜 이런 시련을 우리 가정에 주셨을까요?"

목사에게 이런 상황은 익숙한 일이지만 이런 질문에 답하기는 절대 쉽지 않다. 신학교 교수 출신의 정민우는 다분히 이성적 성향의 사람으로 공감보다는 이성적인 해결책을 말하는 것이 편하다. 그러나 지금은 자신의 스타일을 버리고 미션 통과를 위해 최대한 성도를 위로하고 간절히 병 낫기를 기도하는 모습을 보여줘야 한다고 생각했다. 그러나 그게 어디 말처럼 쉬운 일일까?

"성도님, 얼마나 괴로우십니까? 저도 다 알고 하나님도 아십니다. 지금은 힘들겠지만, 하나님이 주시는 고통은 축복입니다. 결국에는 하나님의 은혜요 감사가 될 것입니다.” 그의 말은 틀리지 않았지만 아픈 성도의 마음을 위로하기에는 부족했다. 공감보다 하나님이 주신 고난의 이유를 설명하느라 금세 20분이 지나버렸다.

이어 이정기가 들어왔다. 죽을병에 걸렸다가 기적적으로 살아난 경험이 있는 이정기는 병실을 보는 순간 눈가가 젖어 들었다. 그는 복잡한 말을 멈추고, 먼저 성도의 두 손을 붙잡았다.

“얼마나 힘드셨어요? 제가 기도해 드리겠습니다.”

많은 말로 설명하는 대신 이정기는 간절히 기도했고 병실 안의 공기는 점차 위로와 감동으로 뜨겁게 데워졌다. 진정성 있는 눈물의 기도와 함께 이정기는 다음 라운드에 진출하게 되었다. ‘정답’보다 고난당한 자의 ‘곁’을 지키는 것이 중요했다.

다음은 파란 방. 친구인 두 요한의 차례였다. 먼저 들어간 안요한의 눈앞에 목양실 세트가 펼쳐졌다. 작은 방에 책상과 책장이 있고 신학 서적들이 잔뜩 꽂혀 있는 걸 보니 담임목사의 방이었다. 그리고 중앙 테이블에 한 남자가 심각한 표정으로 앉아 있었다. 천천히 다가가 맞은편

의자에 앉으니 대뜸 퉁명스러운 첫 마디를 날렸다.

"목사님, 저는 이제 교회를 떠나겠습니다."

안요한은 순간 심장이 멈춘 듯했다. 목사로서 이 순간이 가장 피하고 싶은 괴로운 시간일 터였다. 성도가 다니던 교회를 떠나게 되는 상황, 이사를 멀리 가면서 교회가 너무 멀어져 어쩔 수 없이 떠나는 경우 말고는 목사가 늘 죄인이 되고 작아지는 순간이다. 안요한은 서둘러 설득 카드를 꺼내는 대신 침착하게 물었다.

"성도님, 무슨 일 때문에 그러십니까?"

시험에 든 성도 역할의 배우는 마치 교회를 오래 다닌 사람처럼 리얼한 표정으로 연기를 너무 잘했다. 그는 교회에 대한 불만을 한 꾸러미 꺼냈다. '요즘 교회를 다녀도 별 기쁨이 없다, 목사님의 설교에 은혜를 못 받겠다, 어떤 집사 때문에 상처를 받아서 괴롭다, 내가 이렇게 힘든데 사람들이 별로 관심도 없다, 우리 교회는 사랑이 없는 것 같다' 등등 종합선물 세트처럼 수많은 이유를 늘어놓았다.

안요한의 머릿속엔 오래전 아버지의 뒷모습이 떠올랐다. 성도가 밤늦게 찾아와 몇 시간씩 불만을 쏟아낼 때 아버지는 그냥 말없이 들어주셨다. 그런 후에 구멍 숭숭 뚫린 걸레처럼 너덜너덜해진 마음으로 강대상 뒤에서 조용히 무릎을 꿇었던 사람, 무조건 붙잡지 않으면서도 성도를 포기하지 않았던 사람이 바로 아버지였다.

안요한은 긴 호흡 뒤에 천천히 말했다.

"성도님, 힘든 상황은 잘 들었습니다. 얼마나 고통스러우셨습니까? 저는 성도님께서 교회 때문에 아파하는 그 마음에 누구보다 깊이 공감합니다. 하지만 교회는 건물이 아닙니다. 어떤 프로그램이 아닙니다. 교회는 우리처럼, 상처받기도 하고 사랑하기도 하는 사람들이 모인 곳입니다. 우리가 서로를 용서하고, 보듬어주고, 함께 기도할 때 비로소 우리는 진정한 '교회'가 됩니다. 우리가 바로 하나님의 가족으로서 함께 만들어가는 살아있는 공동체인 거죠. 그 과정에서 아픔이 있을 수 있지만, 그 아픔 속에서도 서로를 사랑하며 살아가야 합니다. 이 어려움을 저희와 함께 이겨내고 살아있는 공동체를 이어갈 수 있다면 더 바랄 것이 없겠지만, 만약 성도님께서 원하시는 좋은 교

회를 다른 곳에서 찾으신다고 결정하셔도 저는 진심으로
축복하며 기도하겠습니다.”

안요한은 어렸을 적 떠나겠다는 성도를 달래며 붙잡지
않는 아버지를 도무지 이해할 수 없었다. 그러나 지금 이
미션 앞에서 진지하게 스스로 묻고 있다.

‘진짜 성도를 위한 말은 무엇일까? 목사는 이럴 때 어
떻게 해야 할까?’

안요한의 대답은 전형적인 정답이 아니었다. 사람들은
교회를 볼 때 성도의 숫자를 중요하게 생각하므로, 목사
로서는 한 명의 성도라도 어떻게든 붙잡는 것이 당연했기
때문이다. 그러나 그는 지금 방송을 떠나서 사랑하는 성
도에게 들려주고 싶었던 자신의 진심을 말하고 있었다.

곧이어 들어간 김요한은 같은 장면에서 정반대의 길을
선택했다.

“집사님, 그동안 얼마나 힘드셨습니까? 제가 집사님을
세심히 돌보지 못해서 죄송합니다. 그래도 한 달 정도 고
민하고 기도하신 후에 결정하면 어떨까요? 세상에 완벽
한 교회는 없습니다. 부족한 것이 있어도 이렇게 솔직히

애기하고 서로 품어주며 나아가는 거지요. 제가 집사님을 위해 뭘 해야 할까요? 말씀해주시면 노력해 보겠습니다. 교회에서 믿음으로 잘 성장하고 있는 집사님의 아내와 자녀들도 생각하셔야죠. 한 번만 더 기도하며 생각해 주세요.”

그는 무릎만 꿇지 않았지 거의 애원에 가까운 간절한 마음으로 연기자를 붙들었다. 대기실에서 지켜보던 목사들은 김요한의 애절한 모습에 절로 고개를 끄덕였다. 목사라면 누구나 한 번쯤은 겪어봤을 법한 상황이기에 비록 뻔한 해결책일지언정 목사로서는 마땅히 저렇게 해야 한다고들 생각했다.

결과 발표까지 오랜 시간이 걸렸다. 심사위원들의 의견이 팽팽히 갈렸다는 뜻이다. 파란 방에서 결과를 기다리는 두 요한은 서로 말이 없었다. 침묵의 시간이 길고 숨막히게 느껴졌다. 그리고 마침내 사회자가 마이크를 잡았다.

“오래 기다리셨습니다. 심사위원들의 깊은 논의 끝에 다음 라운드에 진출할 분은 바로 김요한 목사님입니다.”

어찌보면 예상했던 결과였다. 김요한의 얼굴은 환해졌고, 안요한은 친구의 승리를 미소로 축하했다. 안요한은 탈락했지만, 마음은 이상하리만큼 가벼웠다. 그는 방송국을 나가며 곧장 아버지한테 전화했다.

"아버지, 저 방금 떨어졌어요."

잠시 침묵이 흐른 뒤 따뜻한 목소리가 들렸다.

"수고했다. 오디션에서 떨어졌어도 하나님의 시험에서 떨어진 건 아니니 너무 슬퍼하지 마라."

안요한은 낮은 숨을 내쉬고, 별이 보이지 않는 캄캄한 밤하늘을 올려다보았다. 결과는 아쉬웠지만 그렇다고 하나님 앞에 자신의 선택이 부끄럽지는 않았다.

요한은 이제야 아버지의 마음을 조금은 알 것 같았다.

빨간 방에서는 부부싸움으로 이혼 직전까지 간 성도의 가정에 심방을 간 상황이 설정되었다. 기독교 상담을 전공한 허지욱은 전문가적인 솔루션을 제시하여 다음 라운드에 진출했다.

그리고 마지막으로 검은 방에서는 한강 다리에서 자살을 시도하는 청년을 만난 상황이 설정되었다. 서혜진은 다급한 순간에도 탁월한 순발력으로 위로의 말을 전했다. 그녀의 목소리는 떨렸지만, 청년을 붙드는 손은 아주 단단했다. 이렇게 서혜진이 마지막 진출 티켓을 얻어 3라운드의 생존자 다섯 명이 확정되었다.

3라운드 미션 녹화가 끝난 후, 박도현 장로는 방송국 편집실 모니터 앞에서 화면을 멈춘채 생각에 잠겨 있었다. 안요한의 장면이었다. 성급히 말을 꺼내기보다 깊이 숙고하는 침묵이, 성도의 불만 소리에 그저 달래주기보다 교회의 참된 의미를 통해 권면하는 모습이 박장로의 마음과 화면을 가득 채웠다. 그는 조용히 혼잣말했다.
"아깝다. 그러나 잘했다."

박도현은 아쉬운 표정을 뒤로하고 다시 시청률을 높일 감동 포인트를 고민했다.
'일주일 뒤면 결승 진출자 두 사람이 정해지겠지. 누구를 스타로 세우면 가장 완벽한 그림이 완성될까?'
박도현은 여러 가지 계산을 하며 결과를 예측하였다. 완벽한 계산이 가장 좋은 결과를 가져다주리라 믿으면서 말이다.

그러나 성경은 언제나 다른 진실을 말한다. 하나님의 생각은 인간의 지혜를 훨씬 뛰어넘고 그분의 길은 우리의 예상과 다른 차원에 존재한다. 프로듀서의 계산이 아무리 치밀해도 하나님의 계획은 결코 같은 자릿수에 놓이는 법이 없었다.

잃어버린 어린양을 찾아서

오디션에서 탈락한 뒤 안요한은 며칠 동안 집 밖으로 나오지 않았다. 전화벨이 울린 건 그 무렵이었다.

"요한아, 우리 성경이 추천한 맛집에서 밥이나 먹을까?"

요한의 아버지는 식당 주소 대신 서울시립승화원을 찍어 보냈다. "초상집에 가는 것이 잔칫집에 가는 것보다 나으니"라는 전도서 7장 2절을 농담처럼 인용한 것이다. 옛날에는 벽제 화장터라고 불렸던 곳, 각자의 인생을 살던 사람들이 삶의 마침표를 찍는 곳이다. 안요한은 아버지를 따라 몇 번 이곳을 방문한 적이 있었다. 가족도 친구도 없이 홀로 떠나는 사람들의 마지막 가는 길을, 누군가는 사람답게 배웅해 주어야 한다며 아버지는 오래전부터 무연고 장례를 집례하셨다.

승화원 식당의 육개장은 여전히 따뜻했다.
"어때, 맛있지?"
"네, 맛있네요."
대답은 했지만, 혀끝에 느껴지는 건 국물 맛이 아니라 씁쓸한 속내였다. 아버지는 탈락이 끝이 아니라고, 길이 하나뿐인 것도 아니라고 말씀했다. 그러나 요한의 귀에는 아버지의 위로가 영혼 없이 흘러갔다. 태연한 척 연거푸 육개장을 입에 넣는 요한의 얼굴에 장례식장의 유가족 같은 슬픈 표정이 어렸다.
'끝이 아니라니, 죽은 나사로가 다시 살아나는 것 같은 기적이 아니고서야.'

식사를 마치고 식당을 나서는 부자는 검정 양복을 입고 식당 안으로 들어오는 한 남자와 어깨를 스쳤다. 박도현 장로였다. 그는 담임목사의 발인을 마치고 마지막 절차를 위해 승화원에 온 길이었다. 스쳐 지나가는 짧은 순간, 박도현은 안요한을 알아봤다. 그리고 옆에 선 노신사의 얼굴에서도 낯익은 그림자가 느껴졌다.

한강 다리 위, 마음까지 차갑게 얼어붙은 겨울밤, 난간 위에 선 자신의 팔을 누군가가 붙잡아준 날. 박도현은 친구에게 사기를 당해 큰 빚을 지고 배신감과 절망감에 매일을 술통에 빠져 살았다. 친구와 세상 그리고 그가 믿는 하나님에게 원망의 화살을 수없이 쏘다가 그 모든 화살을 자신에게 돌리게 된 그는 결국 한강 다리 위에 섰다. 살아가는 게 너무나 두려워 죽음 따위는 무섭지 않을 줄 알았는데, 막상 난간 위에 서니 죽음의 공포가 몰려왔다. 그 순간 난간 위에서 덜덜 떨며 출렁이는 검은 강물을 내려다보고 있는 박도현을 지나가던 한 남자가 붙잡았다.

"뭘 그리 급히 가시려 합니까? 날씨도 추운데 국밥이나 한 그릇 하시죠."

차분하지만 힘 있는 목소리 때문이었는지 박도현은 무엇에 홀린 듯 그 남자를 따라 순대국밥 집으로 들어갔다. 국밥 두 그릇이 나오고 박도현과 그 남자는 따듯한 순댓국에 밥을 말아 말없이 먹기 시작했다. 처음엔 밥 한 숟가락 입에 들어가지 않을 줄 알았는데 따뜻한 국밥 한 숟가락을 입에 넣으니 이상하게 허기가 몰려왔다. 순식간에 국밥 한 그릇을 비운 박도현의 손에 따뜻한 커피 믹스를 건네주는 그 남자 앞에서 박도현은 울음을 터트렸다. 실컷 울고 나니 말하고 싶은 마음이 생겼고 모든 것을 다 쏟아내고 나니 살고 싶은 마음이 생겼다. 남자는 말없이 박도현의 울음과 울분을 받아주었고 다시 살아보겠노라고 말하는 박도현의 손을 꼭 잡아주었다.

"제가 형제님을 위해 기도해도 되겠습니까?" 그 남자가 건넨 간절한 한마디, 그리고 진심 어린 기도 소리는 원망과 좌절로 얼어붙었던 박도현의 마음을 서서히 녹여주었다. 그날 이후 조금씩 삶을 회복하며 박도현은 그 남자의 이름이라도 물어볼 걸 그랬다는 후회를 했다. 다시 한번 만나볼 수 있을까 싶어 처음 만났던 한강 다리에 몇 번이나 가봤지만 그를 다시 만날 수는 없었다. 이름은 몰라도 따뜻한 표정의 그 얼굴은 잊지 않고 있었는데, 그가 바로 안요한 목사의 아버지였다.

박도현은 입을 반쯤 벌리고 그 자리에서 그대로 굳어버렸다. 잠시 뒤 정신을 차리고 최 국장에게 전화를 걸었다.

"최 국장, 정말 좋은 아이디어가 떠올랐는데 모레 녹화
하기로 한 4라운드는 한 주만 연기하고 이번 주에 패자
부활전을 해서 한 명만 더 올리자. 기가 막힌 미션이 생각
나서 말이야."

다음날 오후, 안요한의 휴대폰이 울렸다.
"오늘 밤 자정, 패자부활전을 진행합니다. 참여하시겠
습니까?"
탈락 인터뷰까지 마쳤던 그에게 느닷없는 제안이었다.
"예?… 참여하겠습니다. 어디로 가면 되죠?"

밤 12시, 공동묘지를 끼고 올라가는 산 입구, 3라운드에
서 탈락한 다섯 명 가운데 교수 출신의 목사를 제외한 네
명이 모였다.
"오밤중에 정말 담력 훈련이라도 할 참인가? 등산화를
신고 오라고 해서 신고는 왔지만 도통 뭘 하려는 건지 모
르겠네."
패자부활전이라는 말만 들었을 뿐 미션의 내용에 대해
서는 전혀 모르는 참가자들이 불안한 눈빛으로 제작진을
기다리고 있었다. 그때 분주하게 나타난 제작진이 휴대폰

을 포함한 참가자들의 모든 소지품을 수거한 후 작은 주머니를 건네주었다. 주머니를 열어보니 작은 손전등 한 개와 천에 그려진 지도가 들어 있었다.

잠시 뒤 사회자의 목소리가 어두운 밤공기를 갈랐다.

"오늘 이 자리에서 패자부활전을 통해 단 한 명의 참가자만 다음 라운드에 진출합니다. 오늘 미션은 '잃어버린 어린양을 찾아서'입니다. 참된 목자는 한 영혼을 끝까지 포기하지 않는 마음과 담력이 필요합니다. 각자 지도에 표시된 위치에 있는 자신의 어린양 인형을 찾아 가장 먼저 결승점으로 돌아오시면 됩니다. 날이 어둡고 산이 험하니까 안전에 유의하시기 바랍니다. 이제 패자부활전을 시작하겠습니다!"

"땅!" 참가자들은 달리기 시합을 할 때나 쓸법한 총소리에 깜짝 놀랐다. 그러나 금세 지도를 펼쳐서 방향을 확인한 후 빠른 걸음으로 어두운 산속으로 들어갔다. 각자에게 붙은 한 명의 VJ만이 카메라를 들고 그 뒤를 쫓았다. 평소 등산을 즐기던 안요한은 한 밤이라 어두웠지만 이내 적응하며 성큼성큼 산을 타기 시작했다. 어둠 사이로 묘

비가 보였고 수목이 만든 그림자들이 뒤엉켜 공포영화 그 자체였다. 귀신이라도 나올 것 같은 상황이었지만 지금 무서운 것은 귀신이 아니라 자신보다 빨리 어린양을 찾아서 결승선에 도착할 다른 참가자뿐이었다. 어두운 밤이라 산 지형은 눈에 들어오지 않았고 애매하기만 한 지도는 아무리 봐도 더 헷갈릴 뿐이었다. 점점 숨은 차고, 땀은 흐르고, 마음은 더 조급해져만 갔다.

그때 뒤에서 외마디 비명소리가 들렸다.

"악!"

급히 뒤를 돌아보니 VJ가 무릎을 잡고 쓰러져 있고 카메라는 바닥에 나뒹굴고 있었다.

"괜찮아요?"

"아… 넘어지면서 돌부리에 다리가 찍혔나 봐요."

손전등의 약한 불빛에 잘 보이지는 않았지만, 바지 위로 붉은 피가 번져 있었다. 언뜻 봐도 상당한 출혈이었다. 설상가상 VJ의 핸드폰으로 구조 전화를 시도했지만, 산 속이라 먹통이었다.

VJ는 이를 악물고 떨리는 목소리로 말했다.

“목사님, 죄송합니다. 그래도 저 때문에 중요한 미션을 망치면 안 되니까 일단 저는 여기에 두고 어린양을 찾아서 빨리 결승선으로 가세요. 그다음에 제작진에 구조 요청을 해주세요.”

안요한은 지도에 찍힌 표시점을 힐끗 쳐다봤다. 약 100m 지점. 지금 달려가면 어린양을 금세 찾을 수도 있었다. 그러나 어린양을 찾아 결승선에 들어가기까지 그리고 구조 요청을 하고 다시 여기로 오기까지 시간은 한참 지체될 터였다.

그는 한 번 숨을 고르고 스스로에게 질문을 했다.
‘예수님이라면 어떻게 하셨을까?’
답을 생각하는 것은 그리 오래 걸리지 않았다.

“아니요, 이대로 두고 갈 수는 없습니다. 출혈이 계속되면 위험할 수도 있어요. 지금 같이 내려갑시다.”
먼저 지혈부터 해야겠다는 생각에 주변을 둘러보다 손에 쥐고 있던 천으로 된 지도가 눈에 들어왔다.

‘여호와 이레*라더니, 이 지도가 이렇게 쓰일 줄이야.’

안요한은 VJ의 다리를 천으로 묶었다. 미안하다며 고개를 젓는 VJ를 일으켜 세운 안요한은 자신의 어깨를 내주고 느린 걸음으로 함께 산길을 내려갔다. 고지가 눈앞이라 아쉬울 법도 하지만 요한의 걸음은 이상할 만큼 평안했다. ‘올바른 선택을 했으니까.’

한참을 내려오니 결승 지점의 조명이 나무 사이로 깜빡였다. 안요한은 크게 소리쳤다.

“부상자가 있습니다! 도와주세요! 도와주세요!”

저쪽에서 스텝들이 달려왔다. 카메라도 같이 와서 모든 상황을 찍고 있었다. 순간 안요한은 너무나 화가 났다. ‘이 와중에도 촬영이 먼저인가? 정말 너무하네!’ 그러나 카메라가 앞에서 화를 낼 수는 없었다. 안요한의 마음도 모른 채 사회자는 마이크로 탈락을 전했다.

“안요한 목사님, 안타깝지만 패자부활전에서 최종 탈락하셨습니다.”

---

* ‘여호와 이레’는 히브리어로 ‘여호와께서 준비하신다’라는 뜻입니다.

안요한은 아쉬운 마음이 컸지만 결과를 담담히 받아들였다. 차마 담당 VJ가 다쳐서 어쩔 수 없었다고 말할 수는 없었다. 그때 저쪽에서 고통스러운 표정의 VJ가 구급차 침대에서 일어나더니 멀쩡히 걸어오며 활짝 웃었다.

"목사님, 죄송합니다."

다리를 절뚝이던 사람은 어디 가고, 피가 흐르던 허벅지에서는 얇은 라텍스가 벗겨지고 있었다.

"지금까지 제가 다리를 다친 것으로 연기를 했습니다. 피는 분장 소품이고요."

당황한 표정을 담으려는 카메라 앞에서 안요한은 머리가 하애졌다. 사회자가 다시 마이크를 잡았다.

"축하합니다. 안요한 목사님, 진짜 '잃어버린 어린양'을 찾으셨습니다. 패자부활전 우승으로 다음 라운드에 진출하셨습니다!"

상황을 이해하는 데에는 몇 초가 더 걸렸다. 안요한은 순간 멍해졌다가 천천히 미소를 지었다. '어린양은… 바로 옆 사람이었구나!'

멀찍이서 현장을 지켜보던 박도현 장로는 만족스러운

미소를 지었다.

'역시, 각본 없는 감동이 가장 강한 법이지.'

이번 패자부활전은 그의 시청률 곡선이 최고점을 찍는 순간이었고, 동시에 한강 다리에 섰던 자신을 붙잡아주던 따뜻한 손길에 대한 마음의 빚을 조금이라도 갚는, 그에게는 더없이 소중한 시간이었다.

다른 세 명의 결과는 참담했다. 같은 설정에서 정 목사와 양 목사는 VJ를 남겨둔 채 인형으로 된 어린양을 찾아 결승선으로 들어왔다가 탈락했다. 박 목사는 부상자와 함께 내려오긴 했으나 내내 VJ를 다그치고 탓하는 말이 카메라에 고스란히 담겼다. 제작진의 탈락 통보 앞에서 그는 공정하지 않다며 소리를 질렀고 방송 이후 그의 이미지는 곤두박질쳤다. 모자이크와 편집이 있었지만 이미 그들의 얼굴과 이름은 세상에 알려진 뒤였다. 그는 명예훼손 소송을 걸었다가 처음 서명했던 공개 오디션 참가 신청서에 명시된 조항에 막혀 슬그머니 고소를 취하했다.

이번 패자부활전 미션은 대성공이었다. 프로그램은 최고 시청률을 갈아치웠고 안요한의 재등장은 폭발적인 응

원을 받았다. 이제 남은 미션은 두 번, 여섯 사람이 다시
출발선에 섰다.

　세상은 최종 결승에 오를 두 사람을 궁금해했고, 하나
님은 늘 그렇듯 사람과는 다른 것을 보고 계셨다.

Chapter 7

낙타무릎

금요일 저녁, 광화문 광장에 거대한 유리 돔이 세워졌다. 타워 크레인에 매단 조명이 차례로 켜질 때마다 투명한 유리는 눈부시게 반짝였다. 유리 돔 내부는 대낮처럼 환하게 밝혀졌고 밖에는 수십 대의 카메라가 자리를 잡고 분주히 초점을 맞추고 있다.

생방송. 이번 미션은 모두의 시선을 한 곳, 광화문 광장으로 모았다. The Pastor Game은 지금까지 박도현의 예상과 바람 그대로, 교회를 싫어하던 사람들조차 누가 최종 우승자가 될지 뜨거운 관심을 갖게 했다. 그리고 지금, 이 순간 사람들은 TV 앞에서 The Pastor Game이

단지 흥행을 위한 싸구려 쇼가 될 것인지, 심정지 상태인 한국 교회를 되살릴 심폐소생술이 될지 지켜보고 있다.

박도현 장로는 지난주 제작진과의 회의에서 4라운드 미션을 설명했다.

"이번 미션은 한마디로 '누가 더 오래 기도하느냐?' 하는 대결입니다. 한강에서 매년 열리는 '멍 때리기 대회'와 비슷하다고 보시면 됩니다. 오래 버티면 이기는 겁니다. 목사는 설교도 잘하고 위기 대처도 잘해야 하지만 깊이 있는 영성을 가진, 기도하는 목회자가 되어야 합니다. 그래서 이번 라운드는 공개 기도 미션으로 하려고 합니다."

이야기를 들은 제작진은 처음엔 갸우뚱했지만 결국 박도현의 의견대로 무대를 준비했다. 내부가 환히 보이는 유리 돔 중앙에 커다란 십자가를 세웠고 그 주위로 두툼한 방석 여섯 개가 놓였다. 건물 벽면에는 '쉬지 말고 기도하라!'고 쓰인 큰 현수막이 붙었고, 어떻게 알았는지 유리 돔 밖에 팬들이 몰려와 자신이 응원하는 참가자의 이름이 적힌 팻말과 응원봉을 들고 있었다. 지나가는 시민들도 신기해하며 유리 돔 안을 바라봤다. 옆에 대형 전광

판으로 유리 돔 안의 모든 것을 보고 들을 수 있었다. 숨소리, 땀방울, 미세한 떨림까지도…

드디어 밤 10시 정각, 사회자가 마이크를 잡고 경쾌한 목소리로 미션을 소개했다.

"여러분, 혹시 '낙타무릎'을 보신 적이 있으십니까? 낙타는 짐을 실으려고 자주 무릎을 꿇어서 푹신푹신한 혹 같은 것이 붙어 있는데요, 그래서 예전에는 매일 무릎을 꿇고 기도하는, 굳은살 박인 목사님의 무릎을 '낙타무릎' 이라고 불렀습니다. 오늘 우리는 그 잊혀진 이름을 소환하려고 합니다. 유리 돔 안의 참가자들은 큰 소리로 쉼 없이 기도해야 합니다. 졸거나 침묵이 1분 이상 지속되면 경고등이 켜질 것입니다. 또한 같은 기도 내용을 반복하면 AI가 자동으로 분석하여 경고를 합니다. 3회 경고가 누적되면 탈락입니다. 화장실 사용은 10분 단 한 번이고, 최후의 세 명이 남을 때까지 기도를 절대 멈추지 말아야 합니다. 극한의 공개 기도 미션 이제 시작합니다."

사전에 미션의 내용을 몰랐던 참가자들은 놀란 것을 넘어서 충격에 빠진 표정이었다.

"아니, 기도는 골방에서 하나님께 은밀히 드리는 것인데, 광장 한복판에서 공개 기도라니."

김요한은 흥분하며 말했다. 안요한도 같은 생각이었지만 어떻게 여기까지 올라왔는데 지금 발을 빼기엔 너무 늦었다고 생각했다. 여섯 명의 참가자들은 긴장된 표정으로 유리 돔 문을 열고 들어가 자기 이름이 쓰인 방석에 앉았다. 바깥에 사람들이 웅성대는 소리가 유리벽을 타고 차가운 바람처럼 마음으로 스며들었다.

"3. 2. 1. 땡~"

카운트다운이 시작되고 참가자들이 다같이 소리 내어 기도를 시작했다. 처음 30분은 참가자들이 생각한 기도 제목대로 또박또박 기도했다. 여섯 명의 목사가 각자 소리를 내서 기도하니 처음에는 시끄럽고 정신이 없었지만, 서서히 기도하는 목소리 톤과 호흡, 리듬까지 하나로 조화를 이루며 안정되어 갔다.

최준석은 한국 교회의 부흥과 선교를 위해 단정한 문장으로 간구했다. 옆에 앉은 김요한은 하나님을 떠난 다음 세대가 다시 교회로 돌아오도록 간절히 매달렸다. 이정기는 부흥사 어투로 이 나라와 민족의 죄를 외치며 회개를 촉구했고, 허지욱은 상한 심령의 치유를 낮고 느리게 읊조렸다. 아나운서 출신 서혜진은 여성과 아동을 위해 또렷한 발음으로 기도를 이어갔다. 안요한은 낯선 카메라 시선에 긴장감으로 심장이 요동쳤지만, 곧 호흡을 고르고 한국 교회와 목회자, 성도들의 회복을 위해 단어를 신중하게 선택하며 천천히 기도했다.

방송 화면은 여섯 칸으로 분할되어 있었고 각 기도 영상 옆으로는 시청자들의 실시간 댓글과 반응이 쉴 새 없이 쏟아졌다. SNS에는 '목사가 뭘 기도하는지 처음 본다', '무릎이 먼저 항복할 듯, 발 저리겠다'와 같은 댓글이 달렸다. 한 시간쯤 지나자 참가자들은 더는 카메라를 의식하지 않은 채 더욱 소리를 높여 기도하기 시작했다.

심사위원석에서 조범진 안수집사가 흥분하며 말했다.
"누가 상상이나 했겠습니까? 사람들이 목사가 기도하는 것에 이렇게 관심을 보일 거라고요!"
박도현은 화면을 보며 낮은 목소리로 말했다.
"목사의 기도는 개인의 간구를 넘어서 공동체와 세상

을 품고 하는 기도입니다. 십 년 전, 수십만 명의 성도들이 이 광장에 모여 뜨겁게 기도했던 순간이 있었는데, 지금 여섯 명의 목사님들이 기도하는 장면을 보니 기분이 좀 이상하네요.”

청년 심사위원 장하민은 핸드폰을 보면서 사람들의 반응을 전했다.

“생각보다 젊은 층 반응이 좋아요. ‘이런 내용의 기도라면 교회도 그렇게 나쁘지 않은데?’ 같은 댓글도 꽤 있고요. 자칫 지루할 수 있는 기도 미션이 이렇게 흥미를 끌지 몰랐네요.”

심사위원들은 시청자들의 뜨거운 반응에 놀라며 계속 화면을 바라보았고 유리 돔 안은 기도의 열기로 점점 뜨거워졌다.

시간은 흘러 어느새 두 시간이 지났다. 생방송이 지루해지려는 순간 첫 번째 빨간 경고등이 울렸다. AI가 서혜진에게 ‘같은 기도 내용 반복’ 경고를 한 것이다. 놀란 서혜진은 잠깐 멈춰서 호흡을 가다듬고 다시 기도를 시작했지만 얼마 지나지 않아 두 번째 경고등이 켜졌다. 기도의 내용이 점차 중심을 잃고 산만하게 흐트러진 탓이었다.

다른 참가자들도 경고등 소리에 놀라 주변을 살펴봤지만 이내 정신을 차리고 자신의 기도에 집중해야만 했다. 이마에서는 땀이 흐르고 다리는 피가 통하지 않아 저려오기 시작했다.

시간이 흐를수록 서혜진의 기도거리와 체력은 함께 고갈되고 있었다. '아, 어떡하지.' 당황한 서혜진은 급하게 다른 기도 제목을 떠올렸지만 결국 침묵이 길어졌다. 세 번째 경고등이 켜지며 안타깝게 서혜진이 첫 번째 탈락자가 되었다. 자리에서 일어나 비틀거리며 유리 돔을 나온 그녀에게 사람들은 박수와 환호를 보냈다. 전광판의 시계는 새벽 1시 40분을 가리키고 있었다. 장장 3시간 40분 동안의 기도를 마친 그녀는 자신을 응원한 팬들과 시청자에게 인사하며 눈시울을 훔쳤다.

시계는 새벽 3시를 넘겼다. 다리의 감각은 무뎌지고 허리는 돌덩이처럼 굳어갔다. 이정기에게 '졸음 감지' 경고가 울렸다. 한때 철야와 금식 기도로 자신만만했던 그였지만 참가자들 가운데 가장 나이가 많은 탓에 그의 체력은 생각보다 배신이 빨랐다. 기도의 흐름이 끊긴 뒤에 '주여! 주여!'만 되뇌다가 두 번째, 세 번째 경고등을 맞았다. 두 번째 탈락자였다.

남은 참가자는 네 사람, 이제 한 명만 탈락하면 끝이다. 저녁 10시에 시작된 기도는 여섯 시간째 힘겹게 이어지고 있었다. 돔 밖에서 응원하던 사람들도 하나둘 집으로 돌아갔고 스텝들은 커피를 든 채 피곤한 눈을 비비며 화면만 쳐다보고 있다.

새벽 5시를 넘어서자 일찍 출근하는 시민들이 여기저기에 보였다. 대부분 회사 건물을 청소하는 아주머니들이다. 점점 날은 밝아오고 남은 참가자들은 마지막 에너지를 쥐어짜며 목소리를 내고 있었다. 허지욱은 두 번째 경고를 받은 후에 화장실 찬스를 쓰며 10분간 휴식을 취했다.

'조금만 버티면 된다. 조금만.'

돌아온 허지욱은 정신을 차리고 기도했지만 반복된 내용으로 경고를 받고서 결국에는 마지막 탈락자가 되었고, 그 순간 미션 종료의 종소리가 울렸다.

“드디어 최종 결승에 진출한 세 분의 목사님이 결정되었습니다. 최준석 목사님, 김요한 목사님, 안요한 목사님, 정말 축하드립니다.”

밖에서 이 모습을 지켜보던 제작진과 관중들은 손뼉을 치며 환호했다. 장장 7시간 32분의 기도, 울트라 마라톤 대회를 달린 것처럼 세 사람은 거의 동시에 그 자리에서 쓰러졌다. 입고 있던 옷과 앉았던 방석은 땀으로 흠뻑 젖었다.

안요한은 눈을 감은 채 숨을 고르고 바로 옆 친구에게 손을 뻗었다.

“요한아, 고생했다. 우리 둘 다 결승이네.”

김요한은 말없이 짧게 손을 움켜쥐었다. 두 사람의 거친 호흡은 하나의 리듬으로 유리 돔 안에 퍼졌다.

‘방송 때문에 어쩔 수 없이 한 기도지만 이렇게 오래, 그리고 간절히 기도한 적이 과연 있었던가?’

안요한은 말없이 자신의 무릎을 어루만졌다. 단단히 굳어진 피부는 아무런 감각조차 느낄 수 없었다. 일어설 힘도 없을만큼 몸은 탈진했지만, 마음은 이상하리만큼 충만했다. 그것은 하나님과 긴 대화를 나눈 자만이 누릴 수 있는 영혼의 선물이었다.

유리 돔 너머 박도현은 조용히 하늘을 올려다보았다.
'하나님, 한국 교회를 살릴 마지막 기회입니다. 여기까지 왔습니다. 끝까지 좀 도와주십시오.'
박도현은 그 순간 진심으로 하나님께 기도했다. 그가 그리던 그림은 거의 완성되었고 이제 마지막 한 점만이 남았다. 하지만 그 마지막 한 점은 사람이 그리는 게 아닐 수도 있다는 것을 그도 알았다.

Chapter 8

광야에서

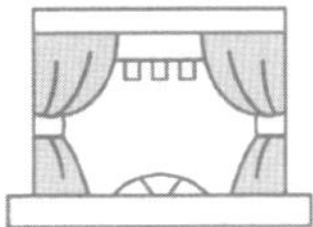

최종 결승에 오른 세 사람은 팬클럽까지 생겼다. 가수도 배우도 아닌 목사가 대중의 관심을 한 몸에 받는 풍경은 몇 달 전까지만 해도 상상할 수 없는 일이었다. 그동안 한국 사회에서 교회는 부동의 비호감 단체 1위이고, 목사란 직업은 연약한 사람들의 마음을 속여 종교로 장사하는 사기꾼처럼 여겨졌다. The Pastor Game이 부정적인 한국 교회의 이미지를 단숨에 반전시킨 것은 아니었지만 단단한 성벽처럼 굳어진 개독교 이미지에 균열을 생기게 한 것은 분명했다.

이제 모든 준비는 끝났고 박도현은 마지막으로 역전 만

루 홈런을 날리려고 했다.

"하나님, 한국 교회를 회복하소서. 이 방송을 당신의 영광을 위해 쓰소서. 한국 교회를 구원할 한 사람을 세우소서."

최준석은 대형 교회 출신의 젠틀맨 스타일로 훤칠한 키, 낮고 안정된 목소리로 초반부터 강력한 우승 후보였다. 안요한은 설교의 진정성, 그리고 탈락 뒤 패자부활전에서 다시 올라온 감동적인 서사가 있었다. 김요한은 유쾌하고 친근한 이미지로 중장년층의 지지를 받았다. 최종 세 명의 후보 모두 좋은 목사임에 틀림이 없었다.

박도현은 제작진과의 회의에서 확신에 찬 목소리로 말했다.

"여기까지 올라온 분들은 실력, 인품, 영성 모두 검증됐습니다. 하지만 결승에 앞서 마지막으로 반드시 검증해야 하는 것이 남았는데, 그것은 바로 돈 문제입니다. 성경도 하나님의 유일한 라이벌이 재물이라고 말합니다. 참된 목사라면 돈의 유혹 앞에서도 흔들리지 않아야 하고, 우리는 그것을 방송으로 그대로 보여줄 겁니다."

김 작가가 조심스럽게 손을 들었다.

"장로님, 혹시 너무 지나친 건 아닐까요? 목사님도 사람인데, 혹시라도 세 분 모두 실패하면 역풍이…"

"그럴 수도 있겠지요."

그러나 박도현은 주저하지 않았다.

"하지만 단 한 사람이라도 통과한다면, 세상은 교회를 지금까지와는 다르게 볼 겁니다. 그것을 위해서라면 개인의 희생을 감수할 가치가 분명 있습니다. 철저히 비밀리에, 공정하게 검증해야 합니다."

그렇게 최종 라운드 전에 허를 찌르는 '히든 미션'이 시작되었다. 세 사람은 결승 인터뷰를 핑계로 각자 대기실로 불려왔고, 대기실에는 천장과 시계, 화분 속까지 몰래 카메라 다섯 대가 설치되어 돌아가고 있었다. 아무것도 모르는 참가자들은 40일 금식 후 광야에서 마귀에게 시험을 받으신 예수님처럼 지금 혹독한 광야에 서 있다.

첫 번째 최준석 목사의 방이다. '똑똑' 박도현이 노크 후 대기실로 들어왔다. 이번 오디션을 후원하는 회사의 임원이라며 중년의 신사를 소개하고 인사를 나누게 했다.

덕담, 셀카, 얕은 농담. 마치 팬미팅처럼 화기애애한 분위기가 무르익을 즈음, 갑자기 걸려온 전화를 받고 박도현은 심각한 얼굴로 자리를 떠났다. 문이 닫히자 그 임원은 주위를 살피며 조용히 말했다.

"최 목사님, 저는 오늘 익명의 후원자를 대신해서 왔습니다. 그분은 개인적으로 목사님을 돕고 싶어 하십니다. 목사님의 우승을 위해 전폭적인 지원과 함께, 개인적으로 격려금 1억도 약속하셨습니다. 다만 목사님이 최종 우승을 하셔서 담임 목사님이 되시면 교회 방송과 음향 설비 공사를 저희 회사가 맡을 수 있도록 부탁드립니다. 박도현 장로님께서 곧 교회에 리모델링 계획이 있으시다고…"

말끝이 부드럽고 설득력이 있었다. 최준석은 잠깐 눈을 감았다. 그는 대형 교회 행정목사로 일했기에 이런 종류의 제안이 그리 낯설지는 않았다. 그러나 최종 결승을 앞두고 갑자기 훅 들어온 제안이 의심스러웠다. '미션인가?' 그의 촉은 빠르게 발동했다. 그리고 그는 고개를 저으며 말했다.

"이사님, 후의는 고맙습니다만 정중히 사양하겠습니다. 교회 일은 공식 절차에 맞게 어떤 조건도 없이 공개적으로 진행되어야 합니다. 목사 개인이 그런 큰 금액을 그것도 개인적으로 받는 것은 적절하지 않다고 생각합니다. 죄송합니다."

차분한 최준석의 말을 들은 임원은 아쉬운 표정을 지으며 자리에서 일어났다. 문이 닫히자 최준석은 두 손을 모았다. '주님, 제 마음이 흔들리지 않게 하소서.'

모니터로 지켜보던 제작진과 심사위원들은 그제야 안도의 한숨과 함께 만족스러운 듯 고개를 끄덕였다. 강력한 우승 후보라는 말이 과언은 아니었다.

다음으로 안요한의 대기실, 똑같은 상황으로 히든 미션이 시작되었다. 박도현은 전화를 받으러 나가고 후원 회사 임원의 은밀한 제안이 시작되었다. 안요한은 갑작스러운 임원의 말에 심장이 튀어나올 것 같았다. 솔직히 1억이라는 금액은 그의 예상을 뛰어넘는 돈이었다. 목사로 살면서 한 번도 재정적인 여유가 있었던 적이 없었다. 성도들은 늘 복을 바라면서도 목사에게만은 물질의 청렴을 강요했고, 4인 가족이 생활할 수 있는 봉급이 아닌 최저급여에도 미치지 못하는 사례비를 월급으로 받았다. 생활비와 대출 이자, 두 아이 교육비에 매달 허덕이며 밤늦게 배달 아르바이트로 근근이 버텼던 안요한에게 1억이라는 돈은 더욱 크게 느껴졌다.

"안요한 목사님, 인생에 한 번뿐인 기회일 수도 있습니다. 만약 목사님이 이 제안을 받아들인다면 결승에서 확실히 승리할 수 있도록 저희가 모든 방법을 동원하겠습니다."

안요한은 깊게 숨을 들이마셨다. 그리고 한참의 침묵 끝에 겨우 마른 입술을 뗐다.
"저는 이 제안을 받을 수가 없습니다. 그 돈을 손에 쥐는 순간, 저는 하나님과 성도들 앞에 떳떳하게 설 수 없을 것입니다. 오늘 이야기는 안 들은 걸로 하겠습니다."
단호한 말투였지만 말끝이 조금 흔들렸고 그의 눈가는 젖어 있었다.
'미안해.'
목사 남편을 만나 지금까지 묵묵히 고생한 아내를 향한

사과였다.

마지막으로 김요한. 제안은 같았고, 표정은 달랐다.

'1억이라… 내가 사역하면서 한 번도 만져본 적 없는 금액이네. 이 돈이면 아이들과 아내도 고생 좀 덜고, 또 일부는 주변에 어려운 분들도 도울 수 있겠어.'

그는 잠시 생각하다가 살짝 고개를 끄덕였다.

"좋습니다. 그렇게 하지요. 그런데 이 사실은 절대 외부로 알려져서는 안 됩니다. 약속하실 수 있으십니까?"

임원은 고개를 끄덕이며 확답의 미소를 지었다. 문이 닫히자 김요한은 복잡하게 교차하는 생각들을 애써 갈무리하며 이 상황을 스스로 납득시키려 했다.

'어차피 노후한 시설은 교체해야 한다는데 좋은 게 좋은 거지 뭐. 그리고 최종 우승에도 유리한 조건이니까 여기서 물러서면 순진한 게 아니라 바보지. 여기까지 온 이상 나는 반드시 우승을 해야겠어.'

잠시 후, 세 사람은 무대 위에 나란히 섰고, 무대를 세팅하던 제작진들에게 히든 미션의 결과가 전달되었다. 제작진은 결과에 놀라워하면서도, 그 충격이 목사가 돈의 유혹에 넘어간 데서 오는 것인지 아니면 두 명이나 꿋꿋하게 그 유혹을 이겨냈다는 사실에서 오는 것인지 갈피를 잡지 못했다.

"최종 결승으로 향하는 마지막 관문, 히든 미션 결과를 발표하겠습니다."

마이크를 잡은 심사위원장 박도현의 말에 세 명은 모두 놀란 눈으로 서로를 쳐다볼 뿐이었다. '히든 미션이라니?' 세 사람 모두 잠시 멈춘 듯하더니, 김요한은 붉어진 얼굴로 천천히 고개를 숙여 구두에 비친 자신의 얼굴을 쳐다보았다.

"진정한 목사는 아무도 보지 않는 곳에서도 늘 '코람데오' 정신으로 살아야 합니다. 저희는 각자의 대기실에서 세 분 모두에게 동일한 히든 미션을 진행했습니다. 목사로서 정직과 청렴을 검증하기 위한 미션이었고, 이 미션에서 김요한 목사님은 아쉽게도 탈락, 최준석, 안요한 목사님은 결승에 오른 최후의 2인이 되셨습니다. 축하드립니다."

무대 위의 공기는 마치 진공 상태처럼 숨 막히게 느껴졌다. 더는 아무 소리도 귀에 들리지 않던 김요한은 핏기 없는 창백한 얼굴로 무대에서 내려갔다. 옆에 선 안요한은 친구의 뒷모습만 바라볼 수밖에 없었다. 충격, 안타까움, 그리고 한편으로는 안도감이 느껴지면서 동시에 그런 마음을 품은 자신에 대한 부끄러움이 복잡하게 뒤섞여 올라왔다. 잠시 눈을 감고 마음속으로 회개했다.

'돈 앞에서 잠시나마 흔들렸던 나를… 주님이 아십니다.'

박도현은 이번 방송에서 만족스러운 결과를 낸 것에 기뻐했다. 그러나 무대를 내려오며 문득 생각했다.

'우승하는 것이 과연 축복일까? 높은 곳에 올라가도 언젠가는 내려와야 하는 인생인데… 예수님도 하늘 보좌를 버리고 낮은 이 땅에 오시지 않았는가. 오히려 우승하는 것보다 광야에 있어도 하나님과 함께 걷는 것이 더 축복일 수도… 내가 바라는 시나리오의 주인공은 안요한이지만 마지막 결말은 하나님께서 쓰시겠지. 하나님 뜻대로 하소서.'

이번 방송은 가히 폭발적인 반응을 일으켰다. 결승에 오른 두 사람의 주가는 더 올랐고, 김요한의 이름엔 냉혹한 비난과 일부 조심스러운 동정, 그리고 너무 자극적인 방송을 진행한 제작진을 향한 비판이 함께 뒤따랐다. 사람들의 혀는 빠르고 잔혹했다.

처음 방송을 시작할 때 빛났던 100개의 불은 하나씩 꺼져갔고, 더욱 밝게 빛나던 세 사람에게 히든 미션 후 저마다 다른 밤이 찾아왔다. 누군가는 흔들렸고, 누군가는 버텼으며, 또 누군가는 스스로도 의식하지 못한 채 광야로 들어서는 문 앞에 섰다. 그것이 시험인 줄도 몰랐지만, 그들은 각자의 삶으로 그 시험을 통과하고 있다.

라스트 미션

지난 히든 미션에서 김요한이 탈락하고 이제 최종 결
승에 진출한 두 사람은 최준석 목사와 안요한 목사였다.
100명으로 시작한 오디션에서 단 두 명만이 남았다는 사
실은 벅찬 성취이기도 했지만 동시에 무거운 짐처럼 느껴
졌다. 다른 98명을 밀어내고 이 자리까지 올라온 것이기
때문에 그 과정에서 탈락한 목사들을 떠올리면 마냥 기뻐
할 수도 없었다. 무엇보다 가장 가까운 친구 김요한이 탈
락하는 모습을 지켜본 후였기에 안요한의 마음은 더욱 복
잡했다.

"주님, 정말 이 길밖에 없습니까?"

그는 혼잣말로 중얼거렸다. 하나님이 정하신 길을 따르고 있다고 믿으면서도 어쩐지 결승이 가까워질수록 그 길의 끝이 보이지 않는 듯했다.

안요한의 머릿속에 베데스다 연못이 떠올랐다. 요한복음 5장에 나오는 연못, '자비의 집'이라는 뜻을 가진 그곳은 어쩌면 가장 잔인한 장소였는지도 모르겠다. 가끔 천사가 내려와서 물이 출렁일 때 제일 먼저 물속에 들어간 한 사람만 병이 낫는다는 고대 전설 때문에, 수많은 병자들은 늘 두 눈을 부릅뜨고 연못만 쳐다봤다. 평소에는 동병상련이라고 서로 의지하며 잘 지냈을 테지만, 꼬마들이 장난으로 돌멩이 하나 던져서 물이 출렁이기라도 하면 순식간에 서로를 밀치고 짓밟으며 자비는커녕 생지옥이 펼쳐졌다. 그 광경을 보고 낄낄대는 꼬마들의 웃음소리에 속은 줄 알고는 허탈하게 자기 자리로 돌아가는 병자들은 이곳은 결코 자비의 집이 아님을 다시금 깨닫게 된다. 그곳은 무한경쟁, 적자생존, 승자독식, 1등만 기억하는 더러운 세상의 축소판이었다.

예수님께서 그곳에 방문하여 38년 된 병자를 만나셨는

데 그는 물이 움직일 때마다 자기를 도와줄 사람이 없다며 불평을 늘어놓았다. 그런데 예수님은 그에게 경쟁에서 이겨야 낫는다고 말씀하지 않으셨다. "일어나 네 자리를 들고 걸어가라." 오직 그 한마디 말씀으로 오래된 병을 고치셨다. 다른 사람과 경쟁해서 이기지 않아도, 꼭 1등을 하지 않아도 구원받는 다른 길이 있었다. 그것은 '내가 곧 길이요 진리'라고 말씀하는 예수님을 만나는 것이었다.

안요한은 이번 오디션을 거치며 베데스다 연못에서 주신 예수님의 가르침을 깨닫고 있었다. 목사가 누구인지, 교회는 어떤 곳이어야 하는지, 신학교에서 배운 것보다 훨씬 더 뼈아픈 가르침을 받고 있었던 것이다.

'분명 다른 길이 있을 것이다. 누군가 그 길을 보여줘야 한다. 그렇다면 내가 보여주어야 하지 않을까?'

그의 답답한 마음속에 한 줄기 작은 빛이 들어오기 시작했다.

박도현은 다음 주 생방송 결승전을 앞두고 제작진과 회의를 하고 있다.

"이제 퍼즐은 다 맞춰졌고 마지막 한 조각만 남았습니

다. 지금까지 고생하셨는데 마지막까지 긴장의 끈을 놓지 말고 최선을 다해주시기를 바랍니다. 마지막 방송 시청률에 상관없이 프로그램 종방 후 방송국 사장님께서 특별 포상금을 주신다고 약속하셨습니다.”

“와~” 하는 환호성이 회의실을 가득 채웠다.

“김 작가님, 가나안 방청객 200명 비밀리에 잘 섭외된 거 맞죠? 다시 한 번 확인해 주시기 바랍니다.”

“네, 알겠습니다.”

“생방송 중에 문자 투표도 실시간으로 확인될 수 있게 시스템 다시 체크해 주시고요.”

“네.”

“그리고 교회 예배실 안에 세트 구성을 좀 더 거룩한 느낌으로 해주세요. 조명도 더 신경을 써 주시고요.”

“아이고, 박 피디님 몇 번이나 체크했다니까요.”

예전 피디 시절 하나하나 꼼꼼히 확인하던 박도현의 성격을 잘 아는 무대 감독이 고개를 절레절레 흔들며 대답했다.

“드디어 다음 주면 한국 교회를 구원할 스타가 탄생하는 겁니다. 조금만 더 버티자고요.”

박도현은 지금까지 하나님께서 도우셨다는 확신과 앞

으로 놀라운 결과가 있을 것이라는 기대감으로 흥분했다.
'하나님 끝까지 도와주십시오.'

　　결승을 사흘 앞두고 안요한은 오랜만에 아버지 집을 찾았다. 현관문을 열자 익숙한 얼굴들이 반겨주었다. 아버지가 목회를 내려놓을 때 함께 교회를 나온 열 명 남짓한 성도들이었다. 간판도 예배당도 없는 작은 모임이지만 그들은 여전히 자신들을 '교회'라고 불렀다. 거실에 둘러앉아 함께 밥을 먹은 후, 낡은 기타 반주에 맞춰 찬양을 부르고 기도하며 서로의 삶을 나누다 보면 서너 시간이 금세 지나갔다. 누군가는 힘든 가정사를 얘기하다 울었고, 누군가는 별것 아닌 농담에 웃음보를 터뜨렸다. 때론 정치 이야기로 격렬하게 다투다가도 금세 서로 손을 붙잡고 기도했다. 아버지도 더는 목사가 아니라 그저 똑같이 형제님으로 불렸다. 남들이 보면 조금 이상한 단체로 보일 테지만 그들은 성경대로 하나님 사랑과 이웃 사랑을 삶으로 살아내려고 애썼다.

　　"혜림아, 다음 주 졸업이지? 내일 같이 쇼핑 가자. 졸업하는데 예쁜 정장 하나는 있어야지."

보육원에서 나와 최미영 자매님 집에서 함께 지내는 자립준비청년 혜림이를 위해 이 작은 교회는 취업 면접에 입고 갈 정장과 구두를 선물하려고 십시일반 돈을 모았다. 혜림이는 수줍게 웃으며 고개를 끄덕였다. 성별, 학벌, 출신, 경제력 등에 상관없이 이들은 이미 가족이었다. 하나님의 가족. 그 모습을 바라보던 안요한은 자신도 모르게 속으로 말했다.

'아, 이게 교회구나. 교회는 다니는 것이 아니라 우리가 하나님의 가족으로 함께 지어져 가는 것이었지. 예수님의 사랑을 받아 서로 진짜 사랑하는 이런 공동체가 성경에서 말하는 진정한 교회의 모습인데…'

드디어 결승의 날이 다가왔다. 예배당 안은 화려한 세트와 조명으로 멋지게 꾸며졌다. 가만히 앉아만 있어도 마치 거룩해질 것만 같은 그 공간에 사회자의 목소리가 장중하게 울려 퍼졌다.

"The Pastor Game, 세상에 없던 공개 오디션! 최고의 목사는 과연 누가 될 것인가? 대망의 결승 무대가 이제 시작됩니다!"

마지막 미션은 한국 교회의 미래를 놓고 펼치는 끝장 토론이었다. 주제는 바로, '교회 부흥', 심사위원들이 앞 자리에 앉았고 그 뒤에는 200명의 방청객이 각자의 손에 리모컨을 들고 있었다. 이번 미션은 생방송으로 시청자들의 실시간 문자 투표와 심사위원들의 점수, 그리고 설문조사를 통해 자신을 가나안 성도라고 밝힌 사람 중 최준석 목사를 응원하는 100명과 안요한 목사를 응원하는 100명의 투표로 점수가 계산된다. '가나안 성도'란 예전에는 교회를 다녔지만, 지금은 여러 가지 이유로 교회를 '안나가'는 성도를 말한다. 교회 부흥을 위한 비전을 잘 설명하여 그들의 마음을 얼마나 움직이느냐가 이번 미션의 승부처였다.

안요한은 자신을 비추는 강한 조명 아래서 눈앞의 수많은 시선을 마주했다. 심장은 요동쳤고 입안은 바짝 타들어만 갔다. 그는 눈을 잠시 감고 짧게 기도했다.

'주님! 이 순간에도 오직 하나님만 바라보게 하소서. 사람들의 박수나 투표가 아니라 주님의 뜻만 따르길 원합니다.'

기도가 끝나자 놀랍도록 마음이 고요해졌다.

“현재 전 국민을 대상으로 실시간 문자 투표를 받고 있고, 지금 이 자리에 있는 200명의 투표단은 모든 토론이 끝난 후에 최종 선택을 할 수 있습니다. 한국 교회를 되살릴 스타의 탄생, 지금 여러분의 손에 달려있습니다.”

사회자의 말이 안요한의 귀에는 가시처럼 불편하게 박혔다.

‘하나님은 우리에게 스스로 혼자 빛나는 스타가 아니라 어두운 세상을 비추는 빛이 되라고 하셨는데…’

안요한은 결심이 선 듯 단호한 표정으로 첫 마디를 내뱉었다.

“교회 부흥은 전도를 통해 많은 사람을 교회로 모으는 것이 아닙니다. 교회는 다니는 곳이 아니기 때문입니다. 하나님은 죄로 인해 깨어진 세상에서 은혜로 우리를 부르셔서 그분의 가족이 되게 하셨습니다. 우리가 바로 세상에 하나님의 사랑의 빛을 비출 하나님의 교회입니다.”

순간 방청석은 정적에 휩싸였다. 한국 교회 부흥을 위한 획기적인 비전과는 거리가 멀었기 때문이다. 모두가 숨을 죽이고 그의 다음 말을 기다렸다. 약간 긴장했지만 차분하게 생각해온 말들을 전하기 시작했다. 교회가 무엇인지, 하나님은 우리를 어떻게 사랑하셨는지, 우리는 어떻게 그 사랑에 반응해야 하는지… 안요한은 전국에 생방송으로 복음을 전하고 있었다. 결과를 알 수 없는 The Pastor Game의 마지막 승부가 이렇게 펼쳐지고 있었다.

하늘 가족

일요일 새벽 4시 50분. 알람이 울리기도 전 박도현의 눈이 번쩍 떠졌다. 몸은 여전히 피곤했지만, 머리는 따뜻한 이불을 걷어내라며 자신에게 채찍질하고 있었다. 그는 조용히 방을 나와서 물과 영양제를 삼킨 뒤 화장실로 들어가 샤워를 했다. 습관처럼 드라이어로 머리를 말리고 말끔하게 다린 정장을 걸쳤다. 오랜 세월 굳어진 루틴은 이제 눈을 감고도 따라 할 정도였다.

현관에서 구두를 신으며 박도현은 아들의 방문을 힐끗 쳐다봤다. 단 몇 미터 거리, 단지 5cm 두께의 합판 하나가 가로막고 있을 뿐인데, 그것을 뚫을 수 있는 것은 아무

것도 없을 것 같았다. 지난 1년 동안 아들과 얼굴을 마주한 날이 손에 꼽혔다. 그 문 앞에서 매번 속으로 같은 말을 되뇌었다.

'아버지라는 이름이 이렇게 무겁구나.'

20분을 운전해서 교회에 도착했다. 엘리베이터에 올라 거울을 보니 1년 전과 크게 다르지 않았다. 하지만 자세히 보면 눈가의 잔주름이 더 깊어졌고 표정에는 설명하기 어려운 슬픔이 배어 있었다.

예배실 앞자리에 앉아 눈을 감고 기도하는 자세를 취했다. 새로 교체한 예배실 의자는 예전보다 푹신했지만, 마음은 편하지 않았다. 교회는 리모델링으로 화려하게 변신했으나 예배당 안에 앉은 사람들의 얼굴은 그대로였다. 아니 오히려 세월을 이기지 못해 늙고 지친 얼굴로 변해갔다. 뒤쪽에서 '탁, 탁' 지팡이 짚는 소리가 들려왔다. '아, 최 권사님 오셨구나.' 숨을 몰아쉬며 힘겹게 자기 자리를 찾아가는 권사님들의 발걸음 소리가 예배당 안에 유일한 숨소리였다. 지난달 소천하신 박 권사님의 빈자리는 더욱 휑해 보였다.

'한 분, 두 분씩 이렇게 떠나시면… 언젠가 우리 교회 새벽예배도 사라지겠지.'

잔잔히 울리던 음악이 줄어들고 담임목사님이 강대상에 섰다. 예배가 시작되었지만 박도현 장로의 가슴은 속이 텅 빈 마네킹처럼 아무런 감각이 없었다. 예배는 하나님을 만나는 시간이라는데 기쁨도 은혜도 사라졌다. 그저 익숙해져 견딜 만할 뿐이었다.

예배가 끝나자 서둘러 출입문으로 가서 담임목사 옆에 나란히 섰다. 1부 예배라 많지 않은 성도들의 손을 일일이 잡으며 인사했다. 이후 매주 반복되는 순서대로 주일은 그렇게 지나갔다. 2부 예배, 3부 예배, 장로실에서의 짧은 휴식, 식당에서의 점심, 오후 예배, 사역자반 훈련, 저녁 당회. 밤 아홉 시가 넘어서 집에 돌아오면 그대로 침대에 뻗어 죽은 듯 가만히 있었다. 탈진한 육체는 하나님의 평안보다 푹신한 침대가 주는 평안함을 더 소중히 느끼는 것 같았다.

지난 1년, 화제의 오디션 The Pastor Game은 세상과 교회 모두의 관심을 끌며 성공적으로 막을 내렸다. 박도현 장로의 교회는 최고의 담임목사를 모셨고 한때는 교회로 새로운 사람들이 오기도 했다. 그러나 대부분은 다른 교회에서 옮겨온 손님이었고 반년이 채 지나기도 전에 그들은 다시 세상으로 흩어졌다. 남은 것은 예배당을 리모델링하며 늘어난 빚과 이제는 도저히 어쩔 수 없다는 무력함만 가득했다.

박도현 장로는 가슴 깊은 곳에서 올라오는 허무와 절망을 하나님께 꺼내놓았다.

'하나님! 정말 교회가 가능하기는 합니까? 다시 부흥의 불길이 일어날 수 있습니까? 도대체 뭐가 잘못된 걸까요?'

며칠 뒤, 카페에서 친구를 기다리던 박도현은 창밖을 바라보다가 순간 멈칫했다. 유리창을 닦고 있는 청소부의 얼굴은 분명 안요한 목사였다. 1년 전 결승 무대에서 세상이 원하는 답이 아니라 성경이 말하고 자신이 믿는 길을 외치며 당당히 탈락했던 그 목사. 그 후 청소 일을 한다는 소문을 들은 적이 있지만 실제로 마주하니 묘한 감정이 몰려왔다. 땀방울이 이마를 타고 흘렀지만, 그의 표정은 힘들기보다 오히려 자유롭고 즐거워 보였다. 박도현은 자리에서 일어나 카페 문을 열고 그에게 다가갔다.

"안요한 목사님, 여기서 이렇게 뵙네요. 잘 지내셨습니까?"

"아, 박 장로님, 오랜만입니다." 안요한이 웃으며 대답했다.

"보시다시피 지금은 목사가 아니라 창문 닦는 청소부로 살고 있습니다."

미소 짓는 그의 얼굴이 부러울 정도로 행복해 보였다.

"지금은 교회를 하고 계시지는 않으신가요? 다른 몇몇 교회에서 목사님을 모시려 했을 텐데요."

"네, 오디션 이후 여러 교회에서 연락을 받았지만 정중히 거절했습니다. 그래도 교회를 안 하는 것은 아니고요, 지금은 청소 일을 하면서 몇몇 성도들과 저희 집에서 가정교회를 하고 있습니다."

"아, 가정교회요?"

그가 내민 명함에는 '청소업체, 우린 창문'이라고 적혀 있었다.

'우린 창문?' 박도현은 속으로 중얼거렸다.

'이 사람은 그 창문을 통해 무엇을 보여주려는 걸까?'

며칠 동안 박도현의 머릿속에 그 짧은 만남이 떠나지 않았다. 결국 받았던 명함을 꺼내 전화를 걸었다.

"안 목사님, 혹시 실례가 안 된다면 목사님의 가정교회에 한 번 방문해도 될까요?"

"그럼요, 누구에게나 열려 있지요. 사실 오늘 저녁에 특별한 모임이 있는데 오실 수 있으세요?"

"오늘 저녁이요? 네, 알려주시면 가겠습니다."

금요일 저녁 8시.

'뜨거운 불금은 고사하고 하필 목사님 집이라니.'

막상 가겠다고 했지만 약속 시간이 다가오니 괜히 가겠다고 했나 후회가 됐다.

'그러고 보니 목사님 집에는 처음 가는구나! 뭘 사서 들고 가야 하나?'

박도현은 모든 것이 하나하나 신경이 쓰였다.

안요한의 집은 작은 빌라 2층이었다. 박도현은 근처 골목길에 겨우 주차하고 보내준 주소를 따라 찾아갔다. 불 켜진 창문으로 사람들의 깔깔 웃는 소리가 새어 나왔다. '띵동~' 초인종을 누르자 한 청년이 활짝 웃으며 맞아주었다. 거실 안에는 열 명 남짓한 사람들이 모여 음식을 나르며 식사 준비를 하고 방에서는 아이들이 보드게임을 하며 깔깔거렸다. 낯설고 시끌벅적했지만, 그 안에는 설명할 수 없는 따뜻함이 흘렀다. 교회라기보다 친한 사람들이 모인 가족 같은 분위기였다. 박도현은 안내받은 자리에 앉아서 어색하게 방석만 만지고 있었다.

얼마 후 초인종이 울리고 한 중년 여성이 들어왔다. 그녀를 맞이하는 모든 이의 얼굴에는 반가움과 따뜻함이 가득했다. 일제히 일어선 사람들은 마치 가족처럼 한 명 한 명 그녀를 끌어안았다. 박도현은 낯선 분위기에 어리둥절해 하며 앉은 자리에서 눈치만 살피고 있었다. 그제야 그녀가 얼마 전 남편과 사별하고 유방암 수술까지 받았다는 것을 알게 되었다.

진수성찬이 차려지고 안요한은 대표로 식사 기도를 했다. 잠시 후, 거실 불이 꺼지고 작은 방에서 촛불을 꽂은 케이크가 환한 불빛을 드리우며 등장했다. 모두가 한마음으로 권사님의 생일 축하 노래를 부르기 시작했다. 수줍게 얼굴이 상기된 권사님에게 안요한은 봉투 하나를 건넸다. 수술비와 생활비를 위해 성도들이 정성껏 모은 돈이었다.

한사코 사양하는 권사님에게 안요한이 말했다.
"권사님, 가족끼리 이러면 저희는 정말 서운해요. 권사님은 저희의 어머니나 다름없는데, 어서 빨리 회복하셔서서 맛있는 밥 많이 해주셔야죠."

최 권사의 눈가에 굵은 눈물이 맺혔고, 그 모습을 지켜보던 성도들의 눈시울도 덩달아 붉어졌다. 함께 울고, 함께 웃는 공동체, 이곳은 그저 '교회'라는 이름의 모임이 아니었다. 말뿐이 아닌 진정으로 서로를 사랑하며 진짜 가족으로 살아내는 모습 그 자체였다.

'아, 이것이 안요한 목사가 말하던 진짜 교회구나.'
박도현은 그제야 깨달았다. 다니기만 하는 교회가 아니라 함께 믿음으로 살아내는 하나님의 가족 공동체.

박도현은 금요일 저녁에 모르는 사람들과 떠들며 식사하고 그 후 진지하게 삶을 나눴다. 남의 이야기를 듣고 공감했고 서로 위로했으며 눈물로 함께 기도했다. 부부싸움한 이야기, 자녀를 키우는 이야기, 옆집에 어렵게 사시는 할머니를 돕는 이야기, 회사에서 상사 때문에 괴로운 이야기, 우울증이 심한 동생 이야기. 이런저런 이야기를 나누다 박도현도 용기를 내어 자신의 아들 이야기를 조심스레 꺼냈다.

"사실… 제 아들은 은둔형 외톨이입니다."

어디 가서 절대로 말하지 않던, 어쩌면 장로인 자신에게 가장 감추고 싶은 약점이었던 아들 이야기를 이렇게 꺼내게 될 줄은 정말 몰랐다. 모두가 그의 말을 경청했고 함께 마음 아파하며 그의 손을 잡고 기도했다. 순간 박도현은 마음 깊은 곳에서 울컥 치밀어 오르는 감정을 느꼈다.

'여기라면… 우리 아들도 가족이 될 수 있지 않을까?'

자정이 조금 넘어 모임은 마무리되었다. 돌아오는 길, 안요한이 그를 주차한 곳까지 배웅했다.

"안 목사님, 저는 목사님이 교회를 그만둔 줄 알았습니다. 그런데 오늘 보니 진짜 교회를 하고 계셨군요. 오늘 손님으로 와서 하나님의 가족을 살짝 맛본 것 같습니다. 많은 것을 배웠습니다. 감사합니다.”

박도현은 잠시 주춤하다가 다시 말했다.
“목사님, 저도 가족이 될 수 있을까요?”

안요한은 환하게 웃으며 말했다.
“물론이지요, 이미 장로님은 우리 하나님 아버지의 가족인데요.”

박도현은 지금까지 앞만 보고 살았다. 모두가 달려가는 길이니 그 길이 맞는 줄 알았고, 그 길밖에 없는 줄 알았다. 그래서 누구보다 열심히 달렸고, 치열한 경쟁 사회 속에서 어느 정도 성공도 거뒀으며, 교회에서는 수석 장로가 되었다. 그런데 모래성이 파도에 무너지듯 성취의 만족감을 채 느끼기도 전에 허무함이 박도현을 덮쳤다. 반복되는 파도를 맞으며 계속 무너지는 박도현을 멈춰 세운 건 안요한이었다. 안요한을 만나고 달리는 것을 멈추니 비로소 옆에 있는 가족, 친구, 이웃의 얼굴 표정과 눈동자를 찬찬히 볼 수 있었다. 다른 길이 있었다. 지금까지 못 봤던 길, 좁은 길이지만 나무 그늘이 있고 꽃도 피어 있는 아름다운 길이었다. 그리고 한 사람이 빨리 오라고 손짓하고 있었다. 박도현은 빙긋 웃으며 빛나는 그 길로 첫 발자국을 뗐다.

한때 편의점보다 많다던 교회들은 이제 거의 사라졌다. 그러나 하나님은 여전히 새로운 일을 계획하시고 부지런히 일하셨다. 그리고 남은 그루터기같이 삶의 자리에서 하나님의 자녀로, 하늘 가족으로 함께 살아가는 사람들이 있다. 모이기만 하는 교회, 생명이 없는 교회가 아니라 진짜 말씀대로 살아가는 교회, 하나님께 받은 사랑에 감사하며 그 사랑으로 사람들을 사랑하며 살기로 결단하고 진짜 살아내는 교회. 하나님은 여전히 깨어진 세상의 회복을 꿈꾸며 말씀하신다.

"다니기만 하는 교회가 아니라 살아내는 진짜 교회를 네가 보여주겠니?"

작가의 말

2011년 3월 6일, '나는 가수다!'라는 MBC 서바이벌 예능이 첫 방송을 했던 날이다. 지금도 그 순간을 잊을 수가 없는데 목사였던 나에게 엄청난 충격과 감동을 동시에 선사했기 때문이다. 레전드 가수 7명이 나와서 500명의 청중평가단 앞에서 노래를 부르고 최하위는 탈락하는 잔혹한 방식으로 엄청난 인기몰이를 했다. 지금이야 별의별 서바이벌 프로그램들이 즐비하지만, 그 당시에는 선풍적이었다. 프로 중의 프로인데도 마이크를 잡은 손을 떠는 긴장감, 작은 숨소리까지 들릴 듯한 무대 위의 적막함, 자신이 부른 노래가 남들의 평가에 따라 점수로 환산되는 잔인함까지, 지금 생각해도 단연 최고의 예능이다. 나는 그때부터 생각했다. '나는 목사다!'라는 방송을 만들어 보면 어떨까?

평소 운동을 좋아하는 편인데 주민센터에서 운영하는 탁구 교실에 등록해서 아주머니들과 탁구를 쳤다. 화요일과 목요일 오후 2시부터 4시까지 하는데, 젊은 아저씨가 무슨 일을 하길래 낮 시간에 탁구를 치는지 다들 내 직업이 궁금했나 보다.

"청년은 무슨 일을 해요?"

"청년이라니요, 중고등학생 아들이 있는 아저씨인데요."

평소 동안이라는 소리는 들었지만, 대부분 할머니와 아주머니들이라 아들 또래로 생각했나 보다.

"그냥 직장인이죠 뭐. 점심 먹고 오후에 시간이 좀 나서요."

나는 목사인 것이 부끄럽지는 않지만 그렇다고 밖에 나가서 먼저 목사임을 말하지는 않았다. 기독교가 아니라 개독교, 목사가 아니라 먹사로 여겨지는 한국 사회의 현실을 잘 알고 있었다. 그러나 나의 정체를 몇 달도 숨길 수 없었다. 우리 성도들과 함께 더드림교회 어깨띠를 매고 동네를 돌아다니며 집게로 담배꽁초를 줍는 모습을 들 킨 것이다. 소문은 빨리도 돌아서 탁구장에 갔더니 당장 아주머니들이 '목사님'이라고 불렀다. 교회를 안 다니는 분들도 덩달아 '목사님'이라고 불렀다. 정체가 밝혀진 이 상 목사로서 더 잘해야 했다. 먼저 가서 탁구대를 폈고, 탁 구를 잘 못 치는 초보들과도 쳐 드리고, 가끔 꽈배기 간식 도 사 들고 갔다. 그렇게 나는 '동네 목사'가 되어갔다.

나는 이제 어딜 가면 먼저 '동네 작은 교회 목사'라고 소개한다. 족구장에서 함께 운동하는 아저씨들에게 '형 님'이라고 부르는 편한 동생이 되었고, 반대로 주짓수 도 장에 가면 젊은 친구들에게 '형님'이라고 불린다. 나는 그 냥 주변에 한 명 알아두면 좋을, 예수 믿으라고 부담스럽 게 강요하지 않고 힘들 때 같이 술자리도 하며 얘기를 들 어줄 동네 친구 같은 목사가 되고 싶다. 동네에서 교회 때 문에 주차 문제나 소음으로 욕먹는 교회가 아니라 '저 교 회가 우리 동네에 있어서 참 좋다'라는 소리가 듣고 싶었 다. 그래서 거리를 청소하고, 어려운 이웃을 돕고, 무더운 여름에는 생수를 얼려서 무료로 나누고, 비가 오는 날에 쓰라고 공유 우산을 만들어 비치하고, 복날에는 어르신들에게 삼계탕을, 김장철에는 김치를, 연말에는 희망 상자를 만들어 나눴다. 이제는 조금씩 마을 주민들이 우리 교회를 알고 칭찬하는 소리가 들린다. '저 교회는 참 좋은 교회다!' 동장님도 구청장님도 마을 구석에 있는 우리 교회를 방문했다. 그렇다고 교회가 부흥한 것은 아니다. 우리 교회는 여전히 작지만, 동네를 사랑하고 귀하게 섬기는 빛나는 교회다. 그럼 됐다.

작년 여름, 교회를 개척하고 8년 차에 목사를 그만두려고 했다. 아무리 노력해도 특별한 성과는 없고 알아주는 사람도 없는 것 같은 생각으로 지쳐 있었다. 그때 다시 나를 붙잡아 준 것은 우리 교회 성도들이었다. 부족한 목사를 오래 참아주고 사랑과 존경으로 섬겨주었다. 우리 성도들이 나의 자랑이요 면류관이다. 그리고 언제나 '할 수 있다'고 응원해준 사랑하는 아내에게도 진심으로 고마움을 전하고 싶다.

이 책은 10년 후 한국 교회의 상황을 상상하며 쓴 소설이다. 사실 10년 전이나 현재 또는 10년 후에도 한국 교회의 현실은 별반 다르지 않을 것 같다. 아니 훨씬 어려운 위기를 겪게 될 것이다. 그래도 나는 여전히 교회를 꿈꾼다. 성경에서 말하는 진짜 교회를 꿈꾼다. 독자들도 이 책을 읽고 다시금 교회를 꿈꾸기를, 다니는 교회 말고 하나님의 하늘 가족으로 살아내는 당신이라는 교회, 우리라는 교회가 되기를 소망해본다.

2026년 3월 27일
동네 목사 안동혁